a pérola do dragão

FLAVIA VIVAQUA

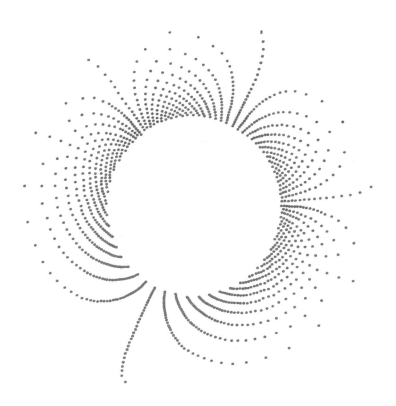

a pérola do dragão

Uma jornada profunda pelas origens do método e filosofia
Dragon Dreaming e outras contribuições em Educação Regenerativa
e processos de coaprendizagem

Copyright @ 2021 Flavia Vivacqua
Em comum acordo com a autora, a Bambual Editora encaminhará parte da renda desta edição impressa para a Rede Dragon Dreaming Brasil.

Coordenação Editorial
Isabel Valle

Equipe de transcrição e tradução (fontes de pesquisa)
Suzana Nory, Gavin Adams, Felipe Rocha

Copidesque
Carla Branco

Editoração Eletrônica
Leandro Collares | Selênica Serviços

Capa
Erika Cezarini Cardoso

V855p

Vivacqua, Flavia Lorena Marconde, 1975-
  A Pérola do Dragão: Uma jornada profunda pelas origens do método e filosofia Dragon Dreaming e outras contribuições em Educação Regenerativa e processos de coaprendizagem / Flavia Lorena Marconde Vivacqua – 1ª ed. – Rio de Janeiro: Bambual Editora, 2021.
  152 p.

  ISBN 978-65-89138-04-4

  1.Educação. 2.Educação popular. 3.Educação para criatividade. 4.Histórias de pessoas em educação. 5.Antropologia cultural. I.Título. II.Vivacqua, Flavia Lorena Marconde.

CDD	370
	370.115
	370.118
	370.8
	306

www.bambualeditora.com.br
conexao@bambualeditora.com.br

A leitura do mundo precede a leitura da palavra.
PAULO FREIRE

Aos povos originários

Aos meus ancestrais

Ao meu pai e minha mãe

Aos educadores e mestres

Às novas e futuras gerações que cocriarão
a realidade e para as quais desejo que o
conteúdo desse livro tenha significado.

Que o belo, o benevolente e o amor ressoem
e os abracem, mostrando o caminho do
bem-estar, do bem comum e do bem viver
regenerador!

SUMÁRIO

11 PREFÁCIO

15 HISTÓRIAS REAIS, COM PESSOAS REAIS
Antes do mergulho

21 EM BUSCA DA PÉROLA
Lançar-se ao aprendizado

27 VENTOS DA OCEANIA
Aprender a partir da observação

41 O TEMPO DA PÉROLA
Aprender em zona autônoma temporária

49 VISÃO HOLÍSTICA DA APRENDIZAGEM
Uma outra escola é possível

65 DRAGON DREAMING NA FONTE
Aprender com histórias e projetos

101 CAMINHANDO PELAS INCERTEZAS
Aprendendo por meio das perguntas geradoras

107 PÉROLAS ANCESTRAIS
Aprender com a diversidade profunda

121 PÉROLA NAS ÁGUAS
Aprendendo com as emoções

129 RECONEXÃO E A VISÃO DO FUTURO QUE QUER EMERGIR
Aprender em encontros intencionais e coaprendizagem

139 PÉROLAS EM CAMPO INFINITO
As capacidades de cuidar e de aprender

149 GRATIDÃO

151 SITES DE REFERENCIA

PREFÁCIO

A primeira coisa que me veio à mente ao ler as vivências com John Croft, contadas por Flavia Vivacqua neste livro, foi uma entrevista que Paulo Freire deu a Edney Silvestre, em Nova York, no início do mês de abril de 1997. Edney Sivestre perguntou: "Professor, como o senhor quer ser conhecido?" Paulo Freire respondeu: "Essa é uma pergunta muito gostosa. Eu até vou aprender a fazer esta pergunta a outras pessoas. Sabe que eu nunca tinha pensado nisso? Mas agora que você me desafia, talvez a minha resposta seja um pouco humilde. Eu gostaria de ser lembrado como um sujeito que amou profundamente o mundo e as pessoas, os bichos, as árvores, as águas, a vida".

O leitor e a leitora deste livro vão entender, rapidamente, porque fiz a associação entre esses dois momentos. Eles têm tudo a ver com uma educação centrada nas pessoas e numa vida sustentável. A categoria sustentabilidade, que aproxima Paulo Freire e John Croft, se constitui na base fundamental de um novo paradigma de bem viver, consigo mesmo, com os outros e com a natureza. Esta é também uma categoria que deveria fundamentar a educação em tempos de perda de sentido da vida como hoje, quando se pensa mais em instrumentos de ensino e avaliação do que nos fins da educação.

John Croft revela que enfrentou, inicialmente, dias difíceis como educador e soube buscar caminhos de superação com base na observação, na ciência, no diálogo e na "ética universal do ser humano", como diria Freire. Diante de situações-limite que a vida nos coloca, a resposta só pode ser encontrada por meio da escuta atenciosa, como um saber necessário à prática educativa transformadora, dentro e fora da escola. Foi o que John Croft fez.

A PÉROLA DO DRAGÃO

O encontro de John e Paulo, em Genebra, na década de 1970, no Conselho Mundial de Igrejas, foi decisivo para a criação do método Dragon Dreaming – uma tecnologia social visando ao empoderamento das pessoas para que digam a sua própria palavra e construam sua história – fundado na ecologia profunda, vivenciado nas culturas dos povos originários, particularmente os aborígenes da Austrália e referenciado em diferentes autores, entre eles, Michael Young, Gregory Bateson, Arnold Joseph Toynbee, e outros e outras, como Joanna Macy, Fran Peavy, David Bohm, Paulo Freire e Mahatma Gandhi, aqui revisitados.

Na leitura deste livro, impressionou-me a experiência internacional, intertranscultural e omnilateral de John Croft, que o aproxima muito de Freire. Os livros de Paulo Freire são todos, de certa forma, autobiográficos. O método Dragon Dreaming, de John Croft, é resultado da observação e experimentação pessoal do autor e da reflexão crítica sobre sua própria prática. Como Paulo Freire, ele valoriza o saber primeiro das comunidades, o saber de experiência feito, um saber tão elaborado como o saber científico. Como Freire, articula teoria e prática. Na educação, como arte e ciência, a teoria sem prática é puro verbalismo e a prática sem teoria é puro ativismo.

John Croft nos mostra o que podemos aprender dos povos originários e que faz muita falta aos sistemas educacionais dominantes hoje: a convivialidade, a comunhão, a relação profunda e emocional com a Mãe Terra, traduzidos em sua cosmovisão holística. Ele nos mostra, em detalhe, a grande riqueza da cultura desses povos, confrontando-a com a pobreza de uma cultura baseada em dualismos, fronteiras, poder, controle, posse, propriedade etc. Ele nos mostra que se quisermos ter uma cultura sustentável neste planeta, temos que construí-la com base em outros valores e que estão na origem da criação do método Dragon Dreaming. A cultura aborígene nos dá esperança, diz John, pois os aborígenes "puderam construir uma civilização e cultura que perduram há

PREFÁCIO

60.000 anos de forma sustentável e não causaram danos ao meio ambiente". Se eles fizeram isso, nós também podemos fazê-lo.

E aqui entra um grande dilema da educação atual que pode levar a seu colapso muito em breve: a meritocracia e a hierarquia, hoje dominantes na educação, não visam à emancipação mas, ao contrário, buscam a domesticação de corações e mentes e a homogeneização, que vem aniquilando a grande riqueza da humanidade que é a sua diversidade cultural. É uma educação que "não é sobre libertação" mas é "sobre controle social", sustenta John Croft.

Ele destaca intuições originais de Freire e Gandhi em torno da auto-determinação dos povos e das pessoas. Entendiam o diálogo como a própria essência da educação. Se queremos saber alguma coisa, precisamos primeiro perguntar. Conhecimento se constrói juntos. Por isso, quando, na escola, os estudantes só recebem respostas prontas, quando não simples receitas, eles desistem da escola e do estudo. Por que eu tenho que aprender as respostas de perguntas que eu não fiz?

Parece que os sistemas educacionais hoje têm poucas dúvidas, poucas perguntas e muitas respostas para perguntas que ninguém fez. E o que nos motiva a aprender são nossas próprias dúvidas, por isso, todos nós temos perguntas a fazer e buscamos respostas para elas. Como dizem os zapatistas: "é perguntando que achamos o caminho". É perguntando que podemos construir sentido para nossas próprias vidas.

Quero finalizar este prefácio dizendo que fiquei muito feliz e honrado com o convite e que aprendi muito. Espero que o leitor, a leitora deste livro também o aprecie como eu. Só prefaciamos livros de que gostamos.

MOACIR GADOTTI
Presidente de Honra do Instituto Paulo Freire
Professor aposentado da Universidade de São Paulo

HISTÓRIAS REAIS, COM PESSOAS REAIS
Antes do mergulho

Algumas pérolas estão bem no fundo e é preciso mergulhar e submergir na intensidade de um outro, tudo novo.

Este é um livro de histórias reais, com pessoas reais, lugares incríveis que realmente existem em nosso planeta, encontros e descobertas preciosas cheios de aprendizados significativos.

O período sabático[1] é definitivamente um presente sagrado. Encontro com a mitologia pessoal, rito de passagem e chaves de liberação e resgates. Um período de vivência fora da zona de conforto, em situação de expansão, que tem seu próprio ciclo para acontecer e que é importante ouvir e dar vida a essa jornada de novas percepções.

Optei por escrever minha narrativa em blocos, respeitando os fluxos de memórias nem sempre lineares, por vezes incompletos, compartilhando o que vivenciei, descobri e aprendi durante um ano e meio em período sabático, morando na Austrália e viajando pela Ásia. Essa pesquisa autodirigida me levou ao encontro com A Pérola do Dragão.

O livro não se prende à cronologia dos fatos, embora considere minha jornada pessoal como a linha temporal que costura e se relaciona

---

[1] Sabático (em hebraico: shabbat (תבש), em latim: sabbaticus, em grego: sabbatikos (σαββατικός)) é o final de um trabalho, ou uma interrupção. Recentemente, sabático passou a significar qualquer ausência prolongada na carreira de uma pessoa, a fim de atingir algum objetivo. Em sentido moderno, ocorre tipicamente com o fim de atingir algum objetivo, por exemplo escrever um livro ou viajar em pesquisa. Algumas universidades ou outras instituições que empregam cientistas, físicos e acadêmicos oferecem a oportunidade de qualificação via sabático para os empregados, chamada sabbatical leave. Fonte: Wikipédia, a enciclopédia livre.

com todas as outras histórias, que por sua vez, foram agrupadas em capítulos temáticos.

Também quero ressaltar que o assunto motivador proposto aqui, Educação Regenerativa, apesar de importante é novíssimo. Trata-se de uma direção teórica e prática, sem a pretensão neste livro de apresentar definições ou esgotar sua reflexão, que vejo ainda como um horizonte a ser estabelecido.

Este trabalho está longe de ser pedagógico ou técnico-metodológico, mas se pretende como um espaço-tempo de compartilhamento de uma jornada pessoal e as "pérolas" encontradas nesse caminhar, sempre em busca da inspiração para outros sonhos, outros projetos, outros processos de aprendizagem pessoal e coletiva, que estimulem as belezas e os desafios genuínos e potentes, na direção de uma Educação Regenerativa.

Contudo, apresento fundamentais referências teóricas e fontes que corroboram para o que entendo ser um caminho para essa educação de que falo.

Também sei que outras referências poderiam estar incluídas aqui, e de maneira nenhuma diminuo a importância de cada uma delas ao não utilizá-las. Apenas fiz um recorte das que chegaram a mim de maneira marcante em minha pesquisa autodirigida, durante meu período sabático.

Este livro é, portanto, onde investigo e integro conhecimentos que estimulam e geram autonomia e coaprendizagem, que consideram os ciclos naturais, a lida com as emoções, o pensamento sistêmico e a abordagem holística, as inteligências pessoais e a coletiva, e aquilo que é abundante em nós: o imenso campo do cuidar e do aprender.

Além desse livro, essa pesquisa gerou também a modelagem de um curso para educadores-facilitadores em coaprendizagem, que teve o projeto-piloto realizado em 2018. Esse curso teórico e prático

HISTÓRIAS REAIS, COM PESSOAS REAIS

reconhece as etapas de aprendizagem holística, baseada em projetos, no aprendizado e desenvolvimento de habilidades emocionais, cognitivas, relacionais e executivas. Utilizo um repertório grande de dinâmicas de grupo, ferramental tecnológico social e referências teóricas e pedagógicas importantes para o design de culturas e futuros regenerativos.

Dizem que tudo que procuramos também vai ao nosso encontro. Como é próprio dos processos de aprendizagem que somente são possíveis em encontros significativos, foi assim com Dragon Dreaming. Uma tecnologia social, um método e uma filosofia para o design e gestão de projetos colaborativos que apresenta uma matriz quádrupla, integradora e universalista. Inicia-se com quatro grandes áreas: Sonhar, Planejar, Realizar e Celebrar; e três princípios norteadores: desenvolvimento pessoal, fortalecer comunidades e servir ao planeta; apresentando em seu método 16 passos capazes de integrar diferentes aspectos de nossas vidas e de um projeto na melhor prática da cocriação da realidade. Também conta com um conjunto ferramental próprio e dinâmicas de grupo para diferentes momentos do processo. A filosofia se estrutura na ecologia profunda; em ciência de ponta; em elementos das culturas aborígines da Oceania, incluindo a relação delas com os sonhos; na pedagogia de Paulo Freire; e na teoria de Gaia e de sistemas vivos. Dessa forma, o método e filosofia Dragon Dreaming se alinham e se apoiam como tecnologia social indispensável ao paradigma que o design de culturas regenerativas exige.

Por esses motivos, estruturei o período sabático como um projeto Dragon Dreaming. Ou seja, utilizando o método para intencioná-lo, me organizar e vivenciá-lo. Por fim, DD como é carinhosamente chamado o método pela comunidade de treinadores no Brasil, também acabou se tornando objeto de pesquisa ao abordá-lo aqui com suas origens, e com suas origens como importante fonte para uma Educação Regenerativa que tem na realização de projetos, sobretudo os de valor colaborativo, uma prática estruturante.

A título de esclarecimento, parte das informações divididas neste texto são fruto de minhas reflexões sobre minha experiência e vivência enquanto pesquisadora, consultora e treinadora do método e filosofia Dragon Dreaming – entre outras metodologias que me especializei – o que inclui ensinamentos divididos comigo por John Croft e atividades desenvolvidas em minha formação. Entre meus registros e anotações, o que estava em inglês foi posteriormente transcrito e traduzido para o português por Suzana Nory, com o cuidado primoroso para que o vocabulário aborígine australiano se preservasse fielmente.

Em cada capítulo será possível encontrar pérolas de aprendizagem e encontros por uma nova forma de educação significativa, transformadora e regeneradora. Qual será aquela que irá ao seu encontro?

Além das referências teóricas, algo importante para mim nesse livro está em compartilhar as boas práticas em educação e aprendizagem, históricas ou atuais, que são iniciativas inspiradoras reais a serem multiplicadas.

Entre elas, comento sobre as históricas, e por isso mesmo visionárias, Black Mountain College, a FIU – Free Internation University e a Universidade das Árvores, todas dedicadas ao ensino da arte, da ciência e da ecologia como caminho interdisciplinar para o desenvolvimento humano e social.

> Em cada capítulo será possível encontrar pérolas de aprendizagem e encontros por uma nova forma de educação significativa, transformadora e regeneradora. Qual será aquela que irá ao seu encontro?

HISTÓRIAS REAIS, COM PESSOAS REAIS

Dedico um capítulo à magnífica Green School, que consegue integrar de maneira corajosa e eficiente uma série de contrastes, desafios e belezas da educação formal. É um ótimo exemplo de um ecossistema de Educação Regenerativa com crianças, jovens e uma comunidade escolar mutuamente engajados em fazer a diferença.

Também apresento relatos de imersões às quais pude vivenciar e que são exemplos potentes de ambientes de aprendizagem significativa, onde valores como experimentação, autonomia, colaboração, reconexão com a ancestralidade e a natureza, criatividade e lidar com a complexidade são exigidos. Cada uma dessas imersões, além do trabalho pessoal, me levaram a novas conexões e importantes referências teóricas e práticas para essa pesquisa, ou, ainda, me colocaram justamente para praticar aquilo que o mental já havia assimilado mas faltava ir para o corpo.

Aproveito para fazer uma observação sobre as notas de rodapé, inseridas durante a escrita deste livro entre 2020 e 2021, principalmente aquelas propositadamente referenciadas como da Wikipédia, Enciclopédia Livre, que, embora não tenha reconhecimento acadêmico formal, é sem dúvida um dos primeiros e mais importantes projetos de coaprendizagem, tecnologia do comum, direito à informação e educação, que temos em escala planetária. Trata-se de uma plataforma de conhecimento distribuído, de esforço de milhares, de acesso gratuito e validado entre pares. É um ótimo exemplo da poderosa ação colaborativa que permite que a inteligência coletiva seja manifesta e torne-se acessível. Suas limitações e lacunas nada mais são do que espelho de nossas não-ações. Ainda sobre as notas, optei por colocar ao final do livro uma lista de sites das iniciativas referenciadas no decorrer do livro, acreditando que facilitará aos curiosos uma investigação mais aprofundada.

Por último, mas não menos importante, agradeço a você, porque se estiver lendo este livro, você também faz parte da história que o viabilizou e o faz ter sentido no mundo. Que lhe seja tão prazeroso e emocionante quanto foi para mim encontrar A Pérola do Dragão!

FLAVIA VIVACQUA
Janeiro de 2021, São Paulo, Brasil

EM BUSCA DA PÉROLA
Lançar-se ao aprendizado

Para mim, esta imagem, criada pelo canto de um homem analfabeto, porém de grande sabedoria, traz a verdadeira fonte da arte sustentável do Dragon Dreaming, o segredo de transformar os sonhos em realidade. Dragon Dreaming é a arte de se construir pontes, criando a estrutura que liga o ponto em que estamos hoje ao ponto no qual gostaríamos de estar, e que permite que nos movamos seguramente através desta ponte de onde estamos agora até o que poderemos vir a ser. No entanto, diferente das pontes normais, esta ponte é construída ao longo do percurso. E, como toda jornada, se inicia com um único passo.[2]

JOHN CROFT

Encontrei-me em um momento sem sonhos. E o fato de não ter sonhos e do entorno me parecer pouco criativo, pouco inspirador, me gerou um imenso desejo de ir!

Ir para ver o que não conhecia!

Reconhecer aquilo que não sabia que existia!

Fazer coisas que não fazia!

Aprender coisas que nem sei se poderia!

E então, dessa vontade profunda, nascida da necessidade de expansão, do novo e significativo... nasceu o sonho!

Fechei muitos ciclos, de diferentes tempos... e decidi sair pelo mundo em um período sabático.

Mas, ir para onde?

Quando decidi realmente sair do Brasil, uma pergunta que também me fazia era: como essa viagem pode ser útil?

---

2   John Croft em Dragon Dreaming – Ficha Técnica #05, p. 3.

Ah, vou aprender inglês! Com quase 40 anos e mesmo tendo realizado vários projetos internacionais, isso tem me feito falta!

Aprender outra língua tornou-se meu ponto focal pessoal, minha grande desculpa para me lançar em uma aventura mundo afora, o que me ajudaria a caminhar todos os dias com algo para fazer, com uma determinação a cumprir. O compromisso de aprender algo novo todos os dias!

Então, comecei a pesquisar países de língua inglesa. Conversei com amigos que moravam em diferentes cidades e continentes.

Quando olhei para a Austrália... Nossa!

Por que eu não pensei nisso antes?!

Muito do que eu estava pesquisando, fazia já alguns anos, havia surgido naquele país, como a permacultura e o Dragon Dreaming. Além de tudo, foram mundialmente pioneiros no design de processos participativos e no de organizações, como é o caso da sociocracia.[3]

• • •

Quando se tem uma firme determinação, tudo se organiza a partir disso.

Então, dois meses antes de viajar, consegui um trabalho grande de consultoria em Arte, Educação e Colaboração para Coordenadores Pedagógicos e Educadores em um programa cultural do estado de São Paulo, o que viabilizou meu curso de inglês por seis meses.

---

3   Sociocracia significa governo pelos companheiros (pessoas que têm relação umas com as outras). O termo foi cunhado em 1851 pelo filósofo Augustu Comte e depois utilizado num artigo de 1881 por Lester Frank Ward. O conceito teve o início de sua aplicação prática com Kees Boeke na educação, o qual atualizou e expandiu o trabalho de Ward, implementando a primeira estrutura organizacional sociocrática em uma escola, na Holanda. Fonte: https://www.sociocracia.org.br/metodologias.

Para garantir minha ida e estada por lá nesse período, também vendi algumas coisas que estavam à mão e não teriam utilidade por um bom tempo. Lembro de um projetor, uma máquina fotográfica e alguns móveis. A família também fez uma "vaquinha" para juntar algum dinheiro e me presentear, com o desejo de boa sorte.

. . .

Estávamos reunidos no I Confestival Dragon Dreaming, no Matutu em Aiuruoca – MG, na Fazenda Patrimônio do Matutu, um dos lugares mais lindos e especiais que já conheci no mundo. Era uma conferência e celebração da comunidade de treinadores e multiplicadores da metodologia e convidados da rede brasileira e John Croft.[4] Era o primeiro encontro entre nós, depois do TOT – Treinamento para Treinadores Dragon Dreaming, que havia acontecido no ano anterior.

Eu havia acabado de decidir morar na Austrália. Então, tive uma conversa com John traduzida pelo querido amigo e treinador Dragon

---

4   John Croft, entre muitas habilidades, é um primoroso contador de histórias que como filho mais velho entre vários irmãos aprendeu a contar histórias para eles na hora de dormir. Essa prática desde a infância vem encantando pessoas e fazendo-as aprender. Estimulado por uma professora, aos 10 anos já era orador da turma da escola. Com 12 anos decifrava hieróglifos e estudava mitologia. Desde cedo, ele entendeu que o caminho da leitura e do aprender era um caminho de liberdade, empoderamento e evolução pessoal. Já na vida adulta, tornou-se educador, desde sempre com princípios de engajamento social, cultural e político. Hoje, tem mais de quatro décadas de experiência na área de educação comunitária ecologicamente sustentável e desenvolvimento econômico comunitário. Atua como palestrante, instrutor e consultor internacional. Desenvolveu pesquisas e projetos para a UNESCO e trabalhou para o governo australiano com desenvolvimento local. John Croft cocriou o método Dragon Dreaming e cofundou a The Gaia Foundation na Austrália (1984) ao lado de sua segunda esposa Vivienne Elanta, ecofeminista e ativista ambiental, e outros associados. Atualmente, é membro do Conselho da Gaia University e do Conselho de Anciões da Global Ecovillage Network, cofundador do Australia Earth Institute e do Possibilities Institute.

Dreaming Shaba Piffer.[5] Nessa conversa, expliquei que iria morar na Austrália para aprender inglês e que gostaria de realizar o caminho para me tornar treinadora de treinadores.

Lembro que John me fitou com olhar reflexivo, um pouco perplexo. Parecia ter mais perguntas do que certezas, consciente do tamanho da curva de aprendizado que eu precisaria ter e me superar.

Ele, então, me passou uma lista de 12 passos que deveriam ser percorridos ao longo de dois anos. Aquele seria meu caminho de aprendizagem para tornar-me treinadora de treinadores em Dragon Dreaming.

Essa também era uma maneira de tornar mais útil minha decisão de sair pelo mundo. Então, saí do encontro muito determinada a seguir aqueles passos de um processo que segundo John me transformaria completamente... Hoje vejo que ele estava certo!

Seguindo a tal lista, fiz o Círculo de Sonhos,[6] uma ferramenta metodológica para cocriação na fase do Sonhar em Dragon Dreaming, com o apoio e participação de um grupo brasileiro de treinadores na metodologia.

A partir desses sonhos, fiz um Karrabirdt,[7] o nome dado à ferramenta metodológica para planejamento na fase do Planejar em Dra-

---

5   Shaba Piffer é consultor, facilitador e designer de grupos e projetos regenerativos. Mestre em Física, ecoempreendedor, permacultor, multiplicador do Dragon Dreaming, Transition Network e Gaia Education. Também tem formação em Sociocracia, Comunicação Não-Violenta, Processos Circulares, Art of Hosting, Investigação Apreciativa e Seminários Insight (IV), tendo também participado dos programas Guerreiros Sem Armas (Jogos Oasis), Germinar e WYSE International Leadership.

6   CROFT, John. Ficha técnica #10 Como fazer um círculo de criação do Dragon Dreaming (2010). Tradução: Gaspar, Áureo. Revisão: Simas, Felipe. Licenciado sob a Creative Commons Atribuição-Compartilhada 4.0 Internacional.

7   CROFT, John. Ficha Técnica #15 Como criar um 'karrabirdt': um guia para facilitadores (2008). Tradução: Gaspar, Áureo. Revisão: Simas, Felipe. Licenciado sob a Creative Commons Atribuição-Compartilhada 4.0 Internacional.

gon Dreaming. A palavra vem do idioma aborígene Whadjuk Noongar. 'Karra' significa aranha e 'Birdt' significa teia: Teia de Aranha. Essa ferramenta é um mapa do projeto, com tarefas e fluxos processuais e financeiro que precisam acontecer para o projeto se realizar.

· · ·

Existem muitos tipos de sonhos, todos um campo fértil para o autoconhecimento. Porém, também há, para quem se permite a escuta e a lembrança, uma possibilidade de acesso à fonte da sabedoria coletiva. Experiências extraordinárias. Já os sonhos mais comuns, mas não menos importantes, são processamentos de acontecimentos, percepções, observações ou mesmo aprendizados que tivemos em até dois ou três dias passados recentemente.

Em Dragon Dreaming, o sonho é uma intencionalidade. É uma energia direcionada para algo maior que permite gerar uma projeção entre o presente e o futuro. Infelizmente, em nossa cultura ocidental, de maneira geral, tendemos a entender o sonho como algo sem importância, disperso, incompreensível, estranho ou pouco confiável.

> Existem muitos tipos de sonhos, todos um campo fértil para o autoconhecimento.

Poucas pessoas sabem, mas foi o australiano Frederick Emery, psicólogo e cientista social, pioneiro em desenvolvimento organizacional, designer de processos participativos e autogestão, quem desenvolveu a "Conferência de Pesquisa" ou Search Conference, onde depois de reunir diversos agentes locais para visionarem juntos futuros desejáveis, introduziu a mágica leitura da "ata de registro" no passado, como se já houvesse acontecido. Essa é a origem dos círculos dos sonhos em Dragon Dreaming, uma das principais ferramentas do método, o que permite uma dimensão significativa, intencional e cocriativa da realidade. A visualização do futuro coletivo pelo coletivo é a própria realidade manifesta.

VENTOS DA OCEANIA
Aprender a partir da observação

VENTOS

O Ar em movimento é fruto de resultantes das diferenças atmosféricas entre dois lugares.

Raramente se vai ao encontro de outro continente, outros oceanos, outro país, outras pessoas, outra cultura, outra língua, outros ventos... E a Oceania é o lugar em que mais se venta no planeta!

Chegar ao outro lado do mundo demorou quatro dias, uma viagem pesada e exaustiva; e mesmo depois de passar tanto tempo viajando, eu estava no futuro!

Era horário de verão e eu estava 13 horas no futuro em relação ao Brasil. Isso é muito interessante porque mexe com a percepção e entendimento do tempo.

No primeiro mês, ainda sentia enjoo todos os dias no amanhecer brasileiro e final da tarde australiano, pelo esforço de me manter em outro fuso horário com pelo menos 12 horas de inversão. Demorei muito para me adaptar. Sei que não é assim para todo mundo, cada corpo vai responder de uma maneira diferente.

Cheguei pela cidade de Sydney e fiquei ali por cerca de uma semana. Além da bela e grande cidade de arquitetura moderna e portuária que ela é, me chamou muito a atenção a presença e influência dos asiáticos, sobretudo os chineses e coreanos. Naquele momento, a Austrália já era o primeiro país do mundo em descendência asiática fora da Ásia, e o Brasil o segundo.

A PÉROLA DO DRAGÃO

Havia me decidido a morar em Melbourne, que naquele ano havia sido eleita a melhor cidade do planeta para se viver pelo quarto ano consecutivo e, também, um lugar onde eu não conhecia ninguém.

• • •

A cidade de Melbourne não era diferente de Sidney em termos de multiculturalidade, embora menor e com influência forte da cultura inglesa. A cidade é toda voltada para a rua, a convivência e os passantes. Por isso, é repleta de vitrines: porque as pessoas caminham seguras pelas calçadas.

Nas ruas – feitas para as pessoas – é possível encontrar as mais diversas nacionalidades e línguas sendo expressas ao mesmo tempo, algo muito mais comum do que nas turísticas cidades de Nova Iorque, Londres ou Paris, que eu já havia tido a oportunidade de visitar.

Melbourne é uma cidade rica, com um pouco mais de quatro milhões e meio de habitantes, onde o antigo e o contemporâneo coexistem com a mesma intensidade. Com arquitetura exemplar, toda arborizada e cheia de parques, é bastante plana e muito bem adaptada para o ciclismo. O transporte público funciona muito bem, contudo é caro. A cidade tem um rio navegável cheio de atividade em suas margens. Considerada a cidade cultural da Austrália, é bastante musical e tem com seus artistas de rua verdadeiros pocket shows ao ar livre. Grafite e arte pública estão espalhados por toda a cidade. Definitivamente, Melbourne é uma cidade cosmopolita que sabe ter qualidade de vida.

A cidade se organiza por zoneamento, onde a zona zero é a City, ou o centro da cidade. A zona 1 é a primeira camada de periferia de Melbourne, uma área de mais classe média se comparada aos altos padrões australianos. É uma região mais degradada, de arquitetura bastante antiga com forte influência inglesa. Muitas casas, ou parte delas, são de madeira. Às vezes, é possível encontrar uma janela ou porta com

VENTOS DA OCEANIA

gradil, mas não é o mais usual. Muros não existem, apenas cercas baixas. Muitas vezes contam com uma marcação de pedra ou cerca viva que compõe os jardins. Todas as casas têm jardins na frente e nos fundos. Quando há prédios, são baixos. Pode-se demorar até uma hora de trem ou bonde para atravessar a zona 1 e se chegar à zona 2. Então, as coisas começam a ficar distantes do Centro onde o trabalho acontece. Mas, ainda assim, a zona 1, por onde morei em toda a minha estada australiana, costuma ser charmosa, tranquila, com uma qualidade de vida simples e inspiradora.

• • •

A Austrália, dado o deserto central e a salinidade do mar, é em geral bastante seca, com temperaturas extremas que vão de abaixo de zero a acima de 42 graus Celsius à sombra. Produzir alimentos no país não é tarefa fácil como no Brasil, por exemplo. Por isso, o cuidado e reserva com que utilizam a água, bem como os altos valores para se alimentar, dada a alta quantidade de importação dos produtos, é algo que chama a atenção e faz grande diferença no bolso. Por outro lado, parece gerar uma consciência maior sobre o consumo e maior valorização sobre os produtos que são produzidos localmente. Há um cuidado especial com a história das coisas e é importante o modo como o que será consumido é produzido, e como o produto é apresentado faz diferença.

Também viajei um pouco pelo estado de Victoria, onde conheci o Yarra Valley, um gigantesco e produtivo vale aos pés da Dangenong Rangon, de clima frio, onde estão os mais tradicionais e famosos produtores de frutas, vinhos, queijos e chocolates da Austrália. Aprender pelos sabores.

Mas o lugar em que mais me surpreendi foi Great Ocean Road, uma estrada que conta a história do país e que margeia o litoral passando por cidades como Apollo Bay, Lorne e Port Campbell; realmente

A PÉROLA DO DRAGÃO

uma região belíssima e impactante onde a força da natureza se mostra completamente. Nem sempre precisamos ir longe para encontrar esses lugares especiais, mas dessa vez foi preciso... e me encontrei profundamente agradecida pela oportunidade, um presente estar viva.

Morei por nove meses em Melbourne, o tempo de uma gestação, o tempo de aprender uma nova língua para não estar totalmente alheia a ela.

Quando se está analfabeto de uma nova cultura é comum se perceber à deriva, como se navegasse pelas superfícies. Então, tudo passa a ser observação plena dos detalhes e o presente se materializa nas coisas pequenas, recorrentes, corriqueiras como as cores, as formas, os cheiros, os sons, os gestos, os sabores, as escolhas, as imagens, a paisagem... Como as crianças, eu sempre percebia flores por toda a parte!

A abertura para o mundo tornou-se um exercício pleno e exigente.

Sendo reconhecida como latina, é desafiador morar em um país de cultura sectária como a Austrália, quando não se fala bem o idioma e se tem 40 anos de idade.

Estava sozinha e vulnerável. Qualquer coisa mais grave que pudesse me acontecer significaria o mínimo de dois dias de viagem de avião para receber suporte de alguém conhecido. Uma coisa é uma viagem de férias, a outra é morar em um lugar com data de passagem para voltar em aberto.

A abertura para o mundo tornou-se um exercício pleno e exigente.

Entre os desafios postos, estava o distanciamento social pela nova língua e a sensação de que eu era completamente analfabeta, limitada na comunicação, em tudo o que ouvia, falava ou lia... Isso me colocou em outro estado de percepção daquela realidade e daquela cultura, e em outro tipo de relação também. Era um processo muito silencioso, bastante interno e intuitivo, de muita observação. Era como se eu pudesse captar tudo com mais detalhes, porque eu tinha todos os meus sentidos em atenção plena e prontidão, na busca por aprender e superar minhas limitações.

• • •

Educação de língua inglesa para estrangeiros era na época o segundo maior mercado econômico da Austrália. Como o país precisa de mão de obra para serviços básicos, ao conseguir o visto de estudante você pode trabalhar por 20 horas semanais. Essa possibilidade é algo com que a maioria das pessoas na situação de estudantes contam para pagar as contas semanais e juntar algum dinheiro. É assim com uma infinidade de estrangeiros vindos principalmente da Ásia, América Latina, Grécia e Itália.

No entanto, eu não me encaixava nos padrões estudantis por causa da idade, já que os estudantes eram em sua grande maioria jovens de 16 a 25 anos, que topam todo tipo de trabalho bem básico por um salário-mínimo em dólares australianos. Na minha idade, considera-se que a pessoa deveria receber um melhor salário por ter experiência profissional, o que ampliaria os custos para o empregador. Também, sem falar a língua fluentemente, não me restavam muitas opções, o que me fez demorar muito mais do que o esperado para conseguir meus primeiros trabalhos australianos.

O ensino do inglês, por ter se tornado um mercado importante na Austrália, exigiu que o campo do ensino e aprendizagem da língua inglesa se tornassem os melhores do mundo. Eu estudava todas as manhãs por quatro horas, quando, além da língua inglesa, pude aprender dinâmicas inovadoras em duplas e grupos para aprendizagem cultural local e alfabetização de adultos em classes multiculturais de altíssima diversidade, enquanto minha própria curva de aprendizagem acontecia.

A PÉROLA DO DRAGÃO

Descrita pela primeira vez em 1885 por Hermann Ebbinghaus,[8] curva de aprendizagem é uma análise média da relação entre a proficiência cognitiva de algo aprendido em uma determinada atividade em relação ao tempo dedicado. Ela analisa a fixação de informações, dificuldades e facilidades da aquisição de novo conhecimento em meio a realizações e experiências.

• • •

Comecei a trabalhar à noite em um centro cultural no bairro para o qual me mudei, e em uma escola para meninas aos finais de semana. No mais brilhante dos trabalhos, deixando tudo cuidado e brilhando, como faxineira.

Rapidamente, entendi a oportunidade e aprendizados que a vida me ofereceu ao desempenhar esse papel tão importante quanto invisível. Em instituições similares no Brasil, eu não ocuparia tal posição. Passei a saber de uma maneira corporificada que somos muito mais do que o que fazemos. Humildade e gratidão cresciam em mim.

• • •

Quando cheguei à Austrália, estava em comunicação com duas pessoas: John Croft, que estava em turnê fora do país, e PoMei, uma permacultora brasileira que já mora há cerca de duas décadas em uma das primeiras ecovilas do mundo chamada Crystal-Waters.

Quando decidi ir para Melbourne, no estado de Victoria, estava no meio do caminho entre os dois. Eles moram em extremos da Austrália, e o país é bem grande!

---

8   Hermann Ebbinghaus (1850-1909), psicólogo e pedagogo alemão, foi o primeiro autor na psicologia a desenvolver testes de inteligência e memória (retenção de informações). Fonte: Wikipédia, a enciclopédia livre.

Então, no início da viagem dediquei tempo e parte do meu foco na busca por fortalecer esses contatos e viabilizar algum trabalho na minha área por lá, além do aprendizado do inglês.

Eu já tinha recebido um convite de PoMei para conduzir uma oficina em Crystal-Waters. E nessa conversa, ela me convidou a conduzir uma oficina de Dragon Dreaming.

– Eu? Dar uma oficina de Dragon Dreaming na Austrália, com o John sendo daqui?

Eu me sentia como se fosse passar por cima dele e pensei: preciso falar com ele sobre isso.

• • •

Melbourne, no estado de Victoria na Austrália, foi onde a permacultura surgiu. O nome e conceito foram cunhados na década de 1970 pelo ecologista e ativista australiano David Holmgren, então um estudante de pós-graduação, e Bill Mollison, inicialmente seu professor.

Morando na cidade, aproveitei para conhecer projetos permaculturais – dos projetos visitados, a iniciativa mais antiga e fascinante é o CERES – Community Environment Park, localizado em um bairro periférico, última parada do bonde em uma das linhas mais longas da cidade, cerca de uma hora de percurso.

CERES é um complexo permacultural autogerido pela comunidade local, formada por vizinhos de um mesmo bairro, que inicialmente ocuparam com uma horta urbana uma área pública abandonada, um terreno baldio. Hoje, tornou-se um complexo de empreendimentos comunitários com uma fazenda urbana de cultivo de produtos orgânicos. Há um café, uma loja de produtos variados produzidos pelos moradores e parceiros e uma livraria. Há um bicicletário com oficinas de manutenção, mecânica e montagem para os amantes de bicicletas, transporte muito usado em toda a cidade, além de uma feira de trocas e venda de produtos produzidos pelos moradores.

Existe uma escola para o ensino da primeira infância, onde ensinam, aplicam e praticam os princípios permaculturais por meio de pequenos projetos que vão acontecendo ao longo do ano letivo. Também, há um programa para jovens e educadores de escolas públicas em parceria com o governo local.

Permacultura que significa cultura da permanência, referindo-se à permanência da vida no planeta, foi inspirada na agricultura natural do japonês Masanobu Fukuoka, com princípios do pensamento sistêmico, do design ecológico e das táticas de ativismo urbano ambiental.

Durante meu PDC – Permaculture Design Course, em 2009, no Ecocentro IPEC – Instituto de Permacultura do Cerrado, entendi que tratava-se de um modo de planejar e criar soluções para ambientes naturais humanos com design centrado em simular ou utilizar diretamente os padrões e características observados em ecossistemas naturais, inteligência biomimética, sistematizada para dar resposta à nova e crescente conscientização da degradação ambiental e social em busca da regeneração.

Daniel C. Wahl,[9] em seu livro Design de Culturas Regenerativas (2016), nos esclarece que:

> O design não deveria ser considerado um campo especializado da atividade humana; de preferência, deveria ser compreendido

---

9   Daniel Christian Wahl é consultor, educador e ativista. Formado em Biologia e Zoologia pela Universidade de Edimburgo, Mestre em Ciências Holísticas pelo Schumacher College e Doutor em Design Natural pela Universidade de Dundee, contribui para organizações como Bioneers, Gaia Education, the Clear Village Foundation e o CIFAL Escócia (centro de treinamento da UNITAR), Biomimicry Iberia, LEAD International, Balears.t, entre outras. É membro do International Futures Forum.

como uma atividade integrada que conecta as intenções humanas com a sua expressão cultural e material na forma de artefatos, instituições e processos. Uma abordagem baseada no design irá não somente nos auxiliar a integrar muitas perspectivas e disciplinas diferentes, como também nos lembrar que, para que seja eficaz, a transição terá que incluir, além de uma base científica sólida fundamentada através do pensamento sistêmico, reflexões éticas, étnicas, estéticas, sociais, culturais, econômicas e, claro, ecológicas. Todo design ecológico deveria visar ao aumento da diversidade e da resiliência como meios de aperfeiçoar a saúde dos sistemas integrados.

• • •

No terceiro mês que eu estava lá, John Croft foi a Melbourne e entrou em contato comigo e disse: "olha, eu tenho um dia para você!".

Nossa! Eu fiquei tão feliz e honrada!

Então, conseguimos nos programar e passamos conversando uma tarde e uma noite. Nesse dia, combinamos de realizar o curso de Dragon Dreaming juntos em Crystal-Waters. PoMei me traduziria para o curso introdutório e quando John chegasse, facilitaríamos o curso de aprofundamento juntos. Houve algum problema na agenda de John que ele mesmo não soube me explicar, e o curso acabou não se concretizando.

Hoje, percebo que meu pensamento sobre Dragon Dreaming, ainda estava muito limitado aos formatos que eu tinha vivido nos cursos, oficinas, facilitações, consultorias... Naquele momento eu ainda não tinha me dado conta do quanto eu estava vivenciando Dragon Dreaming. Esse entendimento foi se apresentando aos poucos e somente ao final de um ano e meio quando o período sabático se completou, eu realmente pude entender minha jornada.

E por um momento, foi preciso desistir do que pensava ser Dragon Dreaming.

A PÉROLA DO DRAGÃO

• • •

Dragon Dreaming é uma matriz generosa, pela qual é possível olhar o mundo e caminhar nele com uma filosofia e princípios éticos claros, de integração e regeneração, nos permitindo criar elos fortes em relações profundas e colaborativas.

Seus princípios são três, apresentados em círculos concêntricos e indissociáveis nessa ordem: Crescimento pessoal, Geração de Comunidade e Serviço ao Planeta.

Em crescimento pessoal, falamos sobre o compromisso com a cura e o empoderamento pessoal para a ampliação de possibilidades e a libertação de crenças limitantes. Aqui, falamos do autodesenvolvimento e da capacidade de nos aperfeiçoarmos constantemente. Nós somos muito mais do que aquilo que fazemos, mas também, do que acreditamos que somos. Cada um ocupa seu lugar singular, autêntico e único. Quais são seus recursos? Seus poderes? Seus dons? O que você tem a ensinar?

Para o fortalecimento de comunidades, o que está sendo considerado é o senso de pertencimento e o fortalecimento de valores em prol do comum e do bem viver coletivo. Há uma infinidade de formas de gerar comum-unidade, sabendo-se que são as comunidades – entendidas aqui como toda a forma intencional de organização coletiva e sobrevivência – a melhor maneira de promover resiliência e regeneração sistêmica. Com qual profundidade você escuta? Como você se comunica? Como você reconhece e honra o outro? Como você se expressa? Como você demonstra e recebe afeto? Como você colabora? O que você aprende com o outro? Como você ensina?

Servir ao planeta. Aqui, o entendimento de que nós somos natureza é fundamental. A partir disso, podemos compreender a inter-relação e interdependência com todos os seres e elementos da natureza, dentro e fora de nós. Então, a compreensão do receber e do dar pode se tornar sistêmica, de forma a entrar em equilíbrio dinâmico e autor-regulador como todos os ciclos naturais o são. Em projetos Dragon Dreaming o design é colaborativo e regenerador. Trata-se de uma ética restaurativa e conciliatória, decolonizadora, não-violenta e ganha-ga-nha-ganha. Como são suas escolhas enquanto natureza? O que você já aprendeu observando e escutando a natureza e outros seres viventes? Como você percebe a coaprendizagem acontecendo? Como suas ações colaboram para a restauração e regeneração planetária?

Na verdade, Dragon Dreaming ampliou-se muito para mim, no sentido de conseguir praticar a matriz no meu cotidiano e compreender a organicidade dos ciclos que o constituem. Hoje, consigo reconhecer em que fase situacional estou. Isso é interessante porque acredito que seja possível, não só para mim, mas para mais pessoas, ir criando esse reconhecimento de perguntas geradoras e de escuta profunda interna e para o ambiente como ele é.

Deixou de ser apenas uma metodologia de design de projetos colaborativos no meu trabalho como educadora e facilitadora para ser também o viver e compreender os fluxos da vida, consciente, amorosa e libertariamente na jornada diária.

> Servir ao planeta. Aqui, o entendimento de que nós somos natureza é fundamental.

É comumente entendido que um projeto seja um esforço inco-mum ou fora da vida ordinária para a realização de algo. Em Dragon Dreaming, um projeto é toda ação consciente e intencional para a realização desejada no tempo e na realidade.

Essa ação consciente, onde praticamos de maneira coerente os três princípios apresentados em uma ética ganha-ganha-ganha, é provavelmente uma forma de tornar a vida ordinária algo extraordinária, nada fora ou além disso.

Isso nos permite caminhar cada dia de nossa vida em ação consciente, igualmente observadores e participantes da realidade que cocriamos. Esse é o principal motivo pelo qual uma educação baseada em projetos de valor colaborativo, desde o início da vida escolar, é extremamente potente.

Você está cocriando sua realidade de forma a ter a felicidade e prazer de boas memórias?

• • •

Nesse sabático, sempre tive total consciência de que estava vivendo um sonho, vivenciando a intenção desde o momento em que me decidi. Naquele instante, comecei a me mover na direção ao intento.

Porém, tudo o que eu tinha planejado foi extremamente frustrante porque não conseguia manter um planejamento nem por uma semana. Por exemplo, nos nove primeiros meses me mudei sete vezes de casa por situações alheias a mim.

O planejamento vivia em mim por meio de perguntas. Ia fazendo as perguntas para estar presente, mais consciente das situações que se apresentavam. Mas, a verdade é que não controlamos muitas coisas de nosso planejamento. Então, cabe apenas confiar que se está na direção certa fazendo as checagens regulares, as perguntas-guia necessárias... Mesmo que isso possa ser muito assustador inicialmente, é também tão libertador como uma dança pode ser.

A única coisa que eu consegui manter era o intento de ir para Perth conhecer a cidade, na Austrália Ocidental. Poderia não encontrar mais o John, poderia não conhecer Perth com a companhia dele. Mas, eu tinha me decidido a ir. Era o que me cabia como possibilidade, decidir. Eu vou – foi minha decisão.

Então comecei a guiar meu caminho, para um dia chegar lá. Demorou um tempo para isso se realizar e eu tinha dúvidas em muitos momentos se conseguiria.

• • •

AHA é um termo muito usado na comunidade de treinadores Dragon Dreaming, como uma expressão de satisfação por descobrir ou aprender algo novo. Esse termo foi desenvolvido por David Jones no livro The AHA Moments, a scientist's take on creativity, livro que depois fui encontrar na biblioteca da Gaia House.

Pois bem, tive um duplo AHA em relação ao Karrabirdt.

Meu planejamento em Karrabirdt deveria durar seis meses, mas nos dois primeiros ele se mostrou totalmente fora da realidade.

O primeiro AHA é que o Karrabirdt só deve ser planejado quando você tem total clareza do contexto que você estará vivenciando e para o qual o projeto desenhado estará a serviço. Isso pode parecer óbvio, mas não é. Principalmente, quando falamos de projetos que ocorrem em culturas e territórios diferentes daqueles de onde está sendo planejado e que não conhecemos bem.

O segundo AHA é que é possível criar o Karrabirdt fazendo as perguntas certas enquanto se vive. Consciente de seu projeto e intento, conectado ao propósito e valores, você vai continuamente se fazendo perguntas da fase do planejamento, em checagens regulares e sistemáticas e em uma projeção altamente adaptável à imprevisibilidade e ao desconhecido, como por exemplo: o que eu preciso fazer de hoje a cinco dias? Quanto de investimento de energia e recursos eu preciso dedicar a essa ação? Quanto tempo de vida eu preciso dedicar para isso? Quais as habilidades e conhecimento eu preciso para fazer isso? Quem vai estar envolvido além de mim? O que eu preciso aprender? Eu estou comprometida com o que estou me dispondo a fazer?

Quer dizer: em um nível avançado, existem perguntas-chave que constituem a montagem do Karrabirdt que, se você vai se fazendo durante sua jornada pessoal, vai se manifestando como um holograma mental.

O TEMPO DA PÉROLA
Aprender em zona autônoma temporária

Quanto ao futuro, apenas o autônomo pode planejar a autonomia, organizar-se para ela, criá-la. É uma ação conduzida por esforço próprio. O primeiro passo se assemelha a um satori – a constatação de que a Zona Autônoma Temporária começa com um simples ato de percepção.
HAKIM BAY

Libertar as pessoas é o objetivo da arte, portanto a arte para mim é a ciência da liberdade.
JOSEPH BEUYS

Uma pérola tem um tempo próprio para ser, assim como um paradigma, uma nova visão de mundo na cultura de um povo.

Entre os anos 2004 e 2012, bienalmente organizei com diferentes equipes multidisciplinares e comprometidas, de maneira autogerida e colaborativa, o pioneiro Reverberações – Festival de Arte e Cultura Colaborativa. Esse festival era uma verdadeira plataforma de experimentação, inovações e aprendizagem sobre temas relevantes da atualidade.

Pessoas que trabalhavam com processos coletivos de criação de todo o Brasil e se articulavam pela rede CORO – Coletivos em Rede e Organizações (2003 – 2014), se reuniam nos encontros presenciais do Reverberações. Durante sete a 15 dias, em verdadeiras zonas autônomas temporárias, apresentávamos as pesquisas e realizações mais relevantes dos últimos dois anos e visionávamos em diálogos, desconferências e espaços de troca os próximos dois anos futuros.

Era comum e presente a ressignificação do trabalho e a reflexão sobre suas estruturas e instituições. Já trabalhávamos em coletivos e em rede desde o início, mesmo quando o status quo não sabia ainda muito bem o que isso significava.

A maneira como nos organizávamos financeiramente tentava abarcar formas mais justas de distribuição ou ainda o exercício ousado de realização sem circulação de dinheiro, mas com a articulação de recursos variados, disponíveis em uma rede que se mostrava extremamente abundante.

A interdisciplinaridade e os mais diversos temas da atualidade perpassavam uma gama eclética e estruturante de uma cultura criativa e colaborativa. Havia muita arte contemporânea e novas práticas estéticas de qualidade. Era uma cena político-cultural efervescente, extremamente potente, e tudo, absolutamente tudo, estava sendo conscientemente cocriado e passava por práticas e aprendizados. Com o tempo, o festival foi se tornando internacional e chegou a fazer intercâmbios culturais com países como Argentina, Chile, Cuba, Espanha, Canadá, França, Dinamarca, Alemanha e Vietnã.

Na última edição do festival Reverberações em 2012, eu já conhecia Dragon Dreaming e o usamos como método de gestão para a realização daquela quinta edição. O festival e a rede ativa que o sustentava já tinham uma década de experiência.

> A interdisciplinaridade e os mais diversos temas da atualidade perpassavam uma gama eclética e estruturante de uma cultura criativa e colaborativa.

Estabelecemos parceria com o Goethe Institut de São Paulo para o intercâmbio com a Alemanha, trazendo para palestrar e ministrar workshop o integrante do coletivo de arte alemão Parallele, Krükemper

Stefan. Ele era cocriador ao lado de Maria Linares e Kerstin Polzin do Festival alemão Vereinigungsdenkmal/Citizen Art Days, "irmão" mais novo do festival Reverberações.

Nessa edição, Marcelo Camera, contribuiu de maneira decisiva documentando todo o trabalho de Stefan durante a estada dele no Brasil, viabilizando a parceria institucional. A artista e educadora antroposófica Luciana Costa foi ponte fundamental para que o intercâmbio entre Brasil e Alemanha se realizasse.

. . .

Nove meses depois de minha chegada à Austrália, já havia subido de nível no inglês e tive a honra de receber o convite para fazer a mentoria da edição daquele ano de 2015 do Festival Citizen Art Days sobre Arte, Cidadania e Educação, em Berlim, na Alemanha.

Foi de total importância para viabilizar minha participação Anna-Sophie Schmidt, que voluntariamente se disponibilizou para ser minha tradutora pessoal do alemão para português e vice-versa, durante todo o encontro.

Cheguei a Berlim no dia de meu aniversário de 40 anos, era final de agosto de 2015. A última vez que havia estado naquela cidade foi exatamente em meu aniversário de quatro anos e essa coincidência me trazia a sensação de um novo ciclo especial se anunciando.

Durante a mentoria do festival, foi desenvolvido um processo coletivo, uma zona autônoma temporária, denominada Monumento da Integração 2040. Este projeto desejava promover uma vivência coletiva fictícia de um futuro possível. O festival fez parte da programação oficial das comemorações alemãs dos 25 anos da queda do Muro de Berlim.

Estávamos interessados em olhar 25 para o futuro, ou mais precisamente, imaginarmo-nos olhando a partir do futuro para nosso presente.

No futuro, como me sinto em relações às decisões que eu tomei?

No futuro, como avalio minhas atitudes?

No futuro, como percebo o que mudou desde então?

Então, durante sete dias do festival, oferecendo ou participando de qualquer das atividades, fosse um worldcafé sobre alternativas para soluções da economia vigente ou um almoço entre os participantes do encontro, estávamos falando como se estivéssemos no ano 2040!

Foi uma experiência interessantíssima, repleta de bons encontros e trocas, reflexões profundas sobre o momento planetário que vivemos, sobre democracia participativa e o futuro que queremos e cocriamos agora. A experiência coletiva de vivenciar o futuro nos colocava em estado de presença, aprendizagem e abertura criativa.

Como mentora, pude palestrar ao lado de Luciana Costa, sobre o brasileiro Reverberações e encerrar o festival. Fomos convidadas a realizar um discurso a partir da premissa: Uma mensagem do futuro para 2015.

Criamos então uma esperançosa declaração de gratidão dos anos 2040 por nossas melhores e decisivas escolhas em 2015. Esse texto foi elaborado por Luciana Costa e eu, e apresentado em parceria com Anne-Sophie Schmidt, lido simultaneamente pelas três integrantes, cada uma em sua língua-mãe, configurando um coro multilíngue.

• • •

Ainda em Berlim, uma atividade do Festival foi muito inspiradora com a honra de ter participado dela com a facilitação de Shelley Sacks: o workshop proposto pela UOT:LAB/Universidade das Árvores – Laboratório para Novos Conhecimentos e um Futuro Ecossocial, ou seja, uma universidade móvel e de intercâmbio global para explorar o pensamento conectivo e a ação conectiva. É uma estrutura para a prática ecossocial interdisciplinar, a pesquisa e a ação reflexiva e participativa, que oferece "instrumentos de consciência", estratégias e abordagens para possibilitar o trabalho de mudança mental, explorando a relação entre imaginação e transformação para uma mudança de paradigma na prática.

Shelly Sacks é artista e educadora. Suas experiências por ter vivido e trabalhado na Alemanha e África do Sul, antes de se estabelecer em Londres, com atuação interdisciplinar, cultural e política, manifestam-se nas novas estratégias artísticas e práticas pedagógicas inovadoras e preocupadas com o empoderamento, pensamento imaginal e transformação pessoal e social. Ela foi discípula de Joseph Beuys[10] com quem manteve diálogo por quase 15 anos, até a morte dele em 1986.

No ano de 1973, quando Shelly ainda iniciava seus estudos com Joseph Beuys, ele criou ao lado do escritor Heinrich Böll, a FIU – Free International University[11] para Criatividade e Pesquisa Interdisciplinar. Uma universidade gratuita para pesquisa, trabalho e comunicação dedicada a refletir sobre o futuro da sociedade. Desejavam suplementar o sistema educacional com trabalho interdisciplinar e cooperação entre as ciências e as artes enquanto, ao mesmo tempo, lutavam pela igualdade e acesso legal aos sistemas instituídos de ensino. A FIU foi inspiração e levada adiante em diversos países, por várias pessoas e grupos, alunos de Böll na época.

Shelly foi uma das que continuou, no âmbito da FIU, dedicada a desenvolver as ideias da escultura social. Atualmente, é educadora da

---

10   Joseph Heinrich Beuys, considerado um dos mais influentes artistas da segunda metade do século XX, foi um dos pioneiros do movimento ambientalista alemão e teve participação ativa na política. Dialogava com a obra de Rudolf Staine. Sua obra tornou-se cada vez mais motivada pela crença de que a arte deve desempenhar um papel ativo na sociedade.

11   Arquivos Originais – https://web.archive.org/web/20110910110005/http://www.beuys.org/fiu.htm

Oxford Brookes University, onde criou e coordena uma área própria para o estudo e pesquisa da escultura social, a SSRU – Social Sculpture Research Unit.

No laboratório Universidade das Árvores, Shelly está dedicada à educação estética para a cidadania ecológica. Buscando aumentar a mudança de atitude e práticas de capacitação para explorar maneiras pelas quais essas práticas contribuam para a luta anticapitalista e para o fortalecimento da agenda para as mudanças decorrentes das crises climáticas.

• • •

Durante minha estada em Berlim, tive a sorte e o prazer de estar na cidade enquanto havia a histórica exposição Black Mountain. Ein interdisziplinäres Experiment 1933-1957, da fascinante Black Mountain College, com muitas fotos, documentos, videoregistros e documentário, além de projetos produzidos ali.

A Black Mountain College (1933-1957) fomentou uma geração sem precedentes de artistas, cientistas e intelectuais na neo--vanguarda do século XX. Como instituição de arte educacional, ela estabeleceu práticas performativas de aprendizagem e pesquisa interdisciplinar, que incluíram pelo menos dois fatores cruciais: colaboração e experimentação. Com foco em criatividade e inovações, a proposta pedagógica teve grande influência de John Dewey[12] com abordagem focada no fazer e na arte como experiência. A escola teve caráter imersivo e convivência comunitária. A instituição fez história

---

12   John Dewey (1859-1952) foi um filósofo e pedagogo norte-americano. Colocou a prática em foco. Escreveu extensamente sobre o campo da educação e do aprendizado como com os livros, muitos traduzidos para o português: Democracy and Education (1916); Experience and Nature (1925); The Theory of Inquiry (1938); Art as Experience (1934), referências na educação moderna.

O TEMPO DA PÉROLA

também por seu corpo docente poderoso, como o visionário designer e arquiteto Buckminster Fuller.[13]

• • •

Ter passado um mês na Alemanha a trabalho, com passagem paga e recebido algum dinheiro em euros era a oportunidade que eu estava aguardando. Então, consegui me organizar para retornar à Austrália viajando pelo Oriente por três meses.

A sensação era de um enorme presente da vida e de um fluxo se manifestando. Planejar nos modos do controle não me cabia mais e eu continuava fazendo perguntas, tomando decisões a curtíssimo prazo e fluindo, consciente sempre da intencionalidade inicial que permite que coisas surpreendentes se manifestem.

> A sensação era de um enorme presente da vida e de um fluxo se manifestando.

Nesses três meses de viagem, mais do que em todas as outras que já havia realizado, aprendi sobre diversidade cultural e religiosa; sobre o descuido que podemos incorrer com generalizações; sobre diferenças incomparáveis; sobre a liberdade da beleza de se ser como se é; e, também, sobre a liberdade de expandir a visão de mundo ao presenciá-lo.

Há aqui certa impossibilidade de relatar a experiência de viajar pelo Oriente, talvez porque para conseguir passá-la com alguma

---

13 Richard Buckminster Fuller (1895-1983), com atuação em complexidade baseada em ciência, arte e tecnologia, antecipava os problemas a serem enfrentados pela humanidade buscando mais qualidade de vida para todos com cada vez menos recursos e um dos principais objetivos de seu trabalho que o próprio designava como sendo Comprehensive Anticipatory Design Science.

A PÉROLA DO DRAGÃO

fidelidade e envolvimento para você que lê, precisaria escrever um livro à parte cheio de detalhes sobre cheiros, sons, texturas, cores e temperos; sobre as diversas tradições, modos de se relacionar com o tempo, com crenças, com a moradia, com as vestimentas, com os animais, com a cidade.

Ser uma mulher viajando sozinha em lugares onde outras usam burca e são criadas para servir suas famílias; ser olhada por uma criança com tamanho espanto e estranheza, porque sua espontaneidade não lhe deixa negar que nunca havia visto uma pessoa ocidental antes; me dar conta que um albergue internacional em Pequim não tinha acesso ao mapa-múndi; entender que as ruínas de cidades e templos dificilmente perdem seu significado, mesmo quando em meio à violência e com as pedras de um templo destroçado em guerra, uma igreja de religião distinta era erguida em seu lugar; onde, ao caminhar por algumas horas em meio a tal caminho de pedras que contorna o cume de montanhas por milhares de quilômetros, era possível dar-se conta do poder de um povo que por dois mil anos sustentaram um projeto e o ressignificaram por séculos, permitindo que a população vivente hoje seja em grande medida fruto desse projeto de poder coletivo, o que entendo que são as muralhas da China; entre outras vivências e aprendizados fantásticos.

Foi o desvio de um terremoto no Tibet e uma guerra civil em Myammar que me fizeram chegar a Pequim. Depois me dei conta que havia percorrido parte importante do antigo caminho da seda – esse fio tão forte quanto belo, derivado do casulo, berço de transformação regenerativa da lagarta em borboleta –, as rotas seculares de interligação do comércio entre o extremo Oriente e a Europa e vice-versa, transportado por caravanas e embarcações oceânicas: Alemanha, Turquia, Tailândia, Hong Kong, Macau, Pequim, Indonésia e entrando na Austrália por Perth!

Sim, foi assim que cheguei a Perth pela primeira vez!

VISÃO HOLÍSTICA DA APRENDIZAGEM
Uma outra escola é possível

Na primeira e rápida visita a Perth, John ainda estava em turnê fora da Austrália. Mas, ele foi muito generoso em me colocar em contato com amigos pessoais na cidade. Entre eles, um prontamente entrou em contato comigo para um encontro, Paul Pulé.[14]

Como me interesso por ecofeminismo,[15] termo que descreve movimentos sociais e filosofias que ligam o feminismo à ecologia em uma perspectiva – um tema que iria se mostrar chave na biblioteca de Vivienne Elanta – havia ficado muito interessada em entrevistar Paul e entender melhor sobre ecomasculinidades, conceito que ele cunhou e que me pareceu muito importante. Decidi que voltaria para Perth para entrevistá-lo.

• • •

Naquele momento eu estava retornando para Melbourne para fechar minha vida por lá e ir para Bali na Indonésia fazer o Green Educator Course. Estava com passagem marcada para São Paulo, em dois meses.

---

14 Paul M. Pulé é doutor em Ecosofia, ecólogo e ativista socioambiental australiano especializado em homens, masculinidades e natureza, seus impactos sobre os outros e sobre si mesmos, bem como em ritos de passagem. Seus esforços de pesquisa e educação comunitária são dedicados a criar um planeta mais saudável para todos. Autor do livro Ecological Masculinities: Theoretical Foundations and Practical Guidance, de 2018.

15 Ecofeminismo – Acredita-se que o termo tenha sido cunhado pela escritora francesa Françoise d'Eaubonne em seu livro Le feminisme ou la Mort (1974). Fonte: Wikipédia, a enciclopédia livre.

A PÉROLA DO DRAGÃO

Decidi fechar as coisas em Melbourne antes e passar um período maior em Bali. Com a economia desse rearranjo, consegui voltar para Perth e ficar uma semana hospedada na casa de Paul Pulé, onde tive a oportunidade de entrevistá-lo e conhecer melhor a linda cidade de Fremantle, vizinha a Perth, ligada pela linha do trem.

• • •

Já tinha fechado minha vida em Melbourne e de Perft segui para Ubud, na Ilha de Bali, Indonésia. Acabei ficando várias semanas lá, enquanto aguardava a formação na Green School. Tive uma intuição muito forte, como se meu ciclo sabático ainda não estivesse completo.

• • •

O treinamento imersivo Green Educator Course (GEC), da turma de 2015, contou com participantes de 14 países e foi uma alegria representar o Brasil nessa jornada. O curso acontece desde 2013 como treinamento internacional de desenvolvimento profissional para educadores. É uma experiência imersiva de uma semana que revela a pedagogia e os princípios fundamentais de design do currículo holístico, centrado no aluno e baseado na natureza vivenciada. O curso equipa os participantes com um conjunto de ferramentas de estratégias e recursos de ensino inovadores, apresentado por professores e membros da comunidade para apoio sustentado e compartilhamento de saberes e práticas.

O curso enfoca vários aspectos da aprendizagem em uma visão holística, preocupados não somente com O Que ensinam, mas com O Como ensinam os estudantes a aprender a aprender.

A Green School foi concebida em 2006 pelo casal de empreendedores e designers de joias Cynthia Hardy e John Hardy, inicialmente com o objetivo de criar uma escola para seus filhos e de amigos, em uma comunidade escolar internacional de estudantes e educadores que incluísse a cultura local e, também, um novo paradigma de educação junto à natureza. Uma escola de aprendizagem baseada em projetos, onde a pedagogia centrada no aluno permitisse envolvimento na experiência de aprender. Hoje, além da unidade inaugural em Bali, na Indonésia, existem novas unidades da Green School abrindo na Nova Zelândia, África do Sul e Tulum, no México.

> ... uma comunidade escolar internacional de estudantes e educadores que incluísse a cultura local e, também, um novo paradigma de educação junto à natureza.

Uma escola internacional, um grande projeto, que recebeu diversos prêmios e é referência mundial em educação ecológica para a sustentabilidade da vida planetária. Em 2017 e 2018, o Green Educator Course foi nomeado uma das 100 inovações em educação, em todo o mundo, pela educação global sem fins lucrativos HundrED.

Nessa escola, a educação, arquitetura, projetos, programas... tornaram-se um ecossistema que dá suporte ao propósito de educar jovens para uma cidadania 'glocal'. Um território global onde se fala inglês como língua principal e é formado por uma comunidade de educadores, estudantes, pesquisadores, funcionários e famílias de uma diversidade de lugares do mundo.

• • •

A Green School tem um campus educacional, construído com estruturas de bambu gigantes, de tecnologia exigente, em meio à floresta tropical balinesa. As salas de aula não têm paredes e há uma integração e interação constante com o meio ambiente e tudo que acontece ao redor, seus sons e movimento.

Como manter a atenção e foco das crianças e adolescentes estudantes diante de tantos estímulos?

O campus é a filosofia e princípios manifestos, concretizados em espaço comum. A visão de mundo – o que inclui novos modos de viver – está materializada intencionalmente ali, sendo vivenciada em cada detalhe. Tudo é estímulo, inspiração e empoderamento para instigar criatividade e inovação ecologicamente engajada, expandindo possibilidades.

Há muito aprendizado gerado pelo espaço relacional proposto, que se torna educativo pelo simples fato da presença e convivência e que exige de educadores e estudantes confiança, envolvimento e autonomia.

• • •

Imagine que você está caminhando em uma trilha que o leva entre uma sala de aula e outra, e cruza com um pequeno grupo de pessoas, não há como não notar e ser notado. Naturalmente vocês se cumprimentam. Você se sente confiante e vê uma oportunidade de perguntar pelo melhor caminho para chegar à sala de multimídia e eles cooperam indicando-a. Um pouco mais adiante, de repente começa a chover e você aguarda a chuva amenizar na cobertura mais próxima, e então, aquelas pessoas com que acabou de cruzar na trilha da escola também chegam para se proteger ali, e logo se inicia uma conversa com interesses em comum.

Então, vocês ouvem um sino que ressoa por todo o campus, são 14h e há a proposta de meditar nesse horário por 15 minutos. É comum se sentar, fechar os olhos e respirar, concentrando-se em sua respiração e percebendo seu corpo. A escola nos lembra que a prática meditativa

VISÃO HOLÍSTICA DA APRENDIZAGEM

é milenar, foi amplamente pesquisada e seus benefícios cientificamente comprovados para o bem-estar e para os processos de aprendizagem.

• • •

A visão pedagógica da Green School se ancora nesse ambiente natural, na visão holística e centrada no aluno. Com um modelo de educação e aprendizagem conectado aos ciclos da natureza, à alta tecnologia e ao espírito empreendedor para uma relevante e efetiva preparação para as rápidas e significativas mudanças futuras.

A educação pedagógica, desde os primeiros anos de aprendizagem até o ensino médio, utiliza o 3FD – Three Frame Day que estrutura o dia de aprendizagem em três momentos de igual importância: conteúdos temáticos, proficiência e experiência.

O que muda de acordo com a faixa etária são a profundidade e externalidade com que esses projetos são realizados conforme as crianças e jovens progridem em seus processos de aprendizagem.

Por essa estrutura tríade, os educadores colocam sua criatividade e energia para desenharem o programa com o fluxo e as atividades curriculares que estão em constante experimentação e aperfeiçoamento. Dessa forma, o programa é facilmente adaptado às demandas e necessidades dos estudantes, permitindo que eles se desenvolvam plenamente ao praticarem a abordagem dos conteúdos em uma perspectiva integral.

Como gerar consolidação de saberes se há constante experimentação, sobretudo em uma comunidade escolar que anualmente se renova em mais de 50% de seu corpo profissional e estudantil, como é o caso da Green School?

O primeiro frame – Estrutura Integral – são as aulas temáticas, com o qual todos os dias se iniciam. São projetos temáticos variados, usados para desenvolver alto engajamento e satisfação em aprender, além de apresentar os conceitos, referências e entendimentos iniciais e progressivos. Estimulando a criatividade, o interesse, o envolvimento, e o significado contextual dos tópicos relevantes a serem integrados, transdisciplinarmente às áreas curriculares trabalhadas, sempre estimulados por alguma expressão das artes. Utilizam o "processo gancho":

O segundo frame – Estrutura Instrutiva – ou proficiência, dedicado à educação específica e capacitação da formação básica das linguagens, como a alfabetização, o numeramento e a aprendizagem de outras línguas. Trata-se do desenvolvimento de habilidades como foco e competências intelectuais discretas que exigem tempo e repetição para se chegar a reconhecer a evolução desse tipo de aprendizado. Por causa disso, são dados ao estudante uma atenção e acompanhamento mais individualizados nessa etapa. Para elevar a motivação, as aulas consideram os temas e projetos que estão sendo trabalhados naquele momento e a realidade vivenciada por cada estudante, sendo avaliados os níveis de habilidades adquiridas no tempo e sua integração e uso no cotidiano.

A escola se propõe ao aperfeiçoamento contínuo. Então, pesquisam e integram o que há de melhor sendo desenvolvido no mundo para educação de crianças e jovens, como por exemplo o ensino da matemática em Singapura e o ensino da língua inglesa na Austrália focado em ouvir, ler, ver, falar, escrever e criar.

O terceiro frame – Estrutura Experiencial – dedica-se a conectar os aprendizados escolares com o mundo e realidade atual, de modo prático e experimental. Essa dimensão é ofertada por especialistas experientes que abordam educação empresarial e empreendedora, educação ambiental como, por exemplo, agricultura e tecnologias limpas; educação física, artes visuais, artes dramáticas e música, apenas citando aquilo que observei durante o curso para educadores. Esses conteúdos práticos são realizados por projetos, mediados pelos educadores dessa escola em parceria com profissionais da vida real como por exemplo um tecnólogo, um empresário ou um feirante, às vezes em seus próprios ambientes de trabalho. A complexidade e profundidade com que os projetos são realizados dependem de um conjunto de elementos e do progresso e interesses dos estudantes.

A estrutura tríade do Three frame day é a pedagogia pela qual a visão holística e integral de aprendizagem da escola se realiza para fomentar o aprimoramento das quatro inteligências a serem desenvolvidas.

• • •

A matriz quádrupla das inteligências – emocional, intelectual, físico-motora e expressiva – considera o eixo de sustentação sistêmica de interno-espiritual a externo-social. Esse eixo de sustentação é chave para avaliar a sociabilidade e capacidade de agir na realidade de cada indivíduo, consciente da importância da colaboração. Já que há na fala de seus fundadores a intenção de educar e empoderar essas crianças e jovens como futuros líderes de suas próprias vidas e ações no mundo para o melhor e mais saudável futuro que quer emergir, algo próprio da Educação Regenerativa que é abordada nesse livro.

> A matriz quádrupla das inteligências – emocional, intelectual, físico-motora e expressiva – considera o eixo de sustentação sistêmica de interno-espiritual a externo-social.

É interessante que na dinâmica das aulas, ora os estudantes estão divididos por idade e estágios de aprendizagem como é no caso do frame de proficiência, ora estão agrupados por interesse como nas aulas temáticas, movidos por um projeto ou por uma vivência. As turmas não ultrapassam o contingente de 15 estudantes.

O currículo com sete áreas é abordado e desenvolvido ora de maneira específica, ora de maneira transversal:

1 – Desenvolvimento físico e motor.

2 – Socioemocional

3 – Desenvolvimento da linguagem

4 – Cognição

5 – Expressão criativa

6 – Despertar para o mundo ao redor de nós

7 – Bahasa Indonésia (língua e cultura tradicional local)

• • •

A abordagem por projetos experienciais que visam à solução de um problema, tem foco interdisciplinar e valor colaborativo entre estudantes, educadores e profissionais convidados, promovendo a visão sistêmica, a autonomia e capacidades necessárias para tal.

As habilidades que estão sendo desenvolvidas são comunicadas a cada nova proposta ou projeto, na melhor prática de transparência para com os estudantes e responsabilidade dos mesmos em relação a seu próprio aprendizado.

Além das habilidades específicas, há aquelas desenvolvidas por todos os estudantes da Green School, como princípios valiosos:

Pensar sistemicamente – Dê um passo atrás e veja a imagem completa. Não analise somente as partes, mas as contextualize e as relacione. Os sistemas, assim como a paisagem são muito mais do que uma coleção de partes. Identifique como os sistemas humano e naturais interagem e impactam uns aos outros.

VISÃO HOLÍSTICA DA APRENDIZAGEM

Ativar – Sinta-se empoderado e empodere outros. Realize ações. Faça a diferença. Seja um líder, coloque seus conhecimentos em ação, experiemente. Construa confiança e empodere outros para alcançar os objetivos. Aja positivamente. Inspire outros para tomarem uma posição, uma iniciativa, riscos e responsabilidades.

Adaptar-se – Flexibilize como o bambu. Aceite e aprenda com o fracasso. Ajuste os processos para cumprir objetivos. Lide positivamente com imprevistos ou contratempos. Mude, seja receptivo e adaptativo para as mudanças.

Pensar Criticamente – Pesquise mais profundamente. Pergunte porque. Faça Conexões. Teste Hipótesis. Analise e avalie evidências, dados e argumentos. Exercite, questione, avalie a credibilidade e a autoridade.

Colaborar – Confiante sozinho, mais forte juntos. Ache caminhos, alternativas. Colabore e faça parte de uma equipe (mesmo que isso signifique trabalhar sozinho). Encontre seu papel no todo e compartilhe responsabilidades pelos objetivos em foco. Considere múltiplas perspectivas.

Pensar Criativamente – Pratique a originalidade e a imaginação. Encontre alternativas "fora da caixa". Solucione problemas criando estratégias para pensamentos divergentes. Trabalhe para conhecer seus pontos fortes e habilidades. Seja curioso e pergunte. Faça ótimas perguntas.

Comunicar-se – Processo de organizar as ideias de forma coerente. Ouça ativamente. Considere o propósito, com quem você está se comunicando. Perceba o estilo. Interpretar e expressar graficamente, verbalmente e numericamente.

Resolver problemas – Reconheça. Configure. Coloque para fora. Avance, vá em frente. Identifique os problemas. Aplique a lógica e inovação para investigar cenários possíveis. Planeje, priorize e gerencie. Crie metas pessoais, foco. Desenvolva habilidades e suportes para o processo. Saiba pedir ajuda.

Estar Ciente – Olhe para dentro. Aja conscientemente. Entenda como você aprender melhor e como sustentar sua paixão para um aprendizado contínuo. Esteja ciente de você mesmo, de seu emocional e do impacto de suas emoções nos outros. Cuide-se para a sua própria autorregulação emocional. Esteja atento a você e seu impacto na comunidade local e globalmente. Seja pleno, em estado de presença e pratique a atenção plena.

Ainda sobre novas abordagens para antigos e novos desafios, a escola trabalha com o Compass Model (modelo compasso) desenvolvido por Alan Atkisson na ONG norte-americana Compass Education, uma bússola ética que facilita a visão sistêmica de interconexão e sustentabilidade, em projetos desenvolvidos pelos estudantes.

• • •

VISÃO HOLÍSTICA DA APRENDIZAGEM

Naquele ano, a escola completava dez anos de existência, contava com 300 alunos e cerca de 120 profissionais. A comunidade escolar que havia iniciado com apenas uma turma de cinco alunos crescia anualmente, com sonhos de abrir filiais pelo mundo como já está acontecendo.

Pude participar de uma reunião pedagógica, feita semanalmente em uma grande arena, aberta para toda a comunidade escolar, que reúne todo o corpo docente e por meio de um microfone, celebram e homenageiam cada pequena conquista em projetos e apoio recebido por seus colegas de trabalho, bem como dão informes, pedem ajuda, trazem alguma problemática e fazem encaminhamentos. Lindo de ver!

Também, pude presenciar que a prática cotidiana do ideograma de valores da Green School "I-Respect", espalhado por todo o campus, é não só apresentado e explorado pelos estudantes em salas de aula, mas também por todo o corpo docente na melhor prática da honestidade e coerência que é o "Faço o que eu falo".

I – Integridade

R – Responsabilidade

E – Empatia

S – Sustentabilidade

P – Paz

E – Equidade

C – Comunidade

T – Confiança (Trust em inglês).

• • •

Um dos maiores diferenciais da Green School em relação a outras escolas similares no mundo está em considerar a realidade local e territorial, realizando ações locais de melhoria socioambiental. Outro ponto ainda é a valorização e integração das celebrações e festivais culturais e religiosos de tradição local, entendida como patrimônio imaterial, respeito e apreciação da diversidade social.

A integração consciente da cultura tradicional balinesa no currículo é considerada e incluída em toda a programação, seja pelo estudo da língua malaio-polinésia, das músicas e instrumentos, das danças, ritos e festividades e da alimentação.

Uma porcentagem considerável das vagas e bolsas de estudos é dedicada à comunidade local indonesiana, além da maioria dos profissionais contratados.

> Uma porcentagem considerável das vagas e bolsas de estudos é dedicada à comunidade local indonesiana, além da maioria dos profissionais contratados.

Embora a escola sustente e valorize a cultura nativa tradicional da ilha, atribuindo momentos importantes no cotidiano educativo, ela possibilita também o diálogo com todas as outras culturas contemporâneas que estão coexistindo no território de aprendizagem, o que inclui uma diversidade profunda de contrastes; reconhecê-los e harmonizá-los pela simplicidade é como isso acontece.

Esse mesmo contraste, vemos com o uso da tecnologia: a internet está acessível em todo o campus. A escola optou por adotar um sistema digital conhecido internacionalmente para organização e troca informacional entre todos, entenderam como a escolha mais adaptada à comunidade escolar. É comum ver estudantes utilizando seus laptops ou assistindo a um filme por uma TV de plasma suspensa entre as estruturas de bambu. Então, a Green School nos presenteia com um território de aprendizagem ambientalmente natural, com tecnologia de

VISÃO HOLÍSTICA DA APRENDIZAGEM

ponta e a cultura nativa tradicional, uma comunidade internacional de educadores e estudantes, agindo juntos, socialmente ativos, o que me parece uma boa visão de mundo e futuro acontecendo!

Há também, uma diversidade de espaços educativos com uma biblioteca e acervo de filmes digitais, teatro, campo de futebol e vários laboratórios: de ciências, de energia limpa, de tecnologia computacional, de arquitetura, de artes gráficas e estamparia, de papel, de reciclagem de materiais, uma cozinha equipada como laboratório nutricional, sala de música, um espaço de meditação etc.

• • •

Além da escola para crianças e jovens, pude entender e vivenciar o projeto Green School como um complexo de desenvolvimento sistêmico territorial que vai muito além da escola. A fazenda onde a escola está inserida foi dividida em um fantástico conjunto de empreendimentos e vários parceiros que crescem ao redor, em relacionamento com a instituição.

É o caso da fábrica de construções e móveis de bambu, com uma vila de belas casas bioconstruídas que se pode locar; a fazenda permacultural de orgânicos que fornece alimentos orgânicos, aulas e cursos variados para as crianças e educadores; uma agência de esportes e turismo de aventura que realiza excursões pela ilha e o ensino de atividades físicas; toda a implementação da cadeia seletiva e reciclagem de materiais e óleo, com treinamentos; uma ecovila onde alguns pais e funcionários moram; uma loja, um café e um restaurante.

Além disso, os projetos dos estudantes viram empreendimentos reais no mundo, como por exemplo a campanha de zero saco plástico na Ilha de Bali, que foi incorporada como política do governo local; ou o biobus, projeto de alunos, que continuou na escola e semanalmente coleta óleo de cozinha usado e o reutiliza como combustível de ônibus, que também faz um trabalho educativo na comunidade sobre ecologia e consumo.

• • •

A Green School também tem parceria com profissionais especialistas, empreendimentos e ONGs locais que dão suporte e participam dos projetos em apoio mútuo aos educadores e estudantes. O que move essa parceria parte da motivação e interesse dos estudantes e da percepção atenta e disposição dos educadores.

Tive a oportunidade de ir numa tarde a uma associação de saúde mental da cidade, onde as crianças interessadas, de diferentes turmas, voluntariamente iam para visitas semanais, em um dia de interação social e aulas. No dia que fui a esse "estágio", aprendemos a fazer bolo, cookies e sucos para servir nosso próprio café ao final da tarde. No entanto, aqueles adolescentes aprenderam certamente muito mais com seus colegas portadores de deficiência física e mental sobre a infinita capacidade de cuidar.

> ...aqueles adolescentes aprenderam certamente muito mais com seus colegas portadores de deficiência física e mental sobre a infinita capacidade de cuidar.

No outro dia, alunos e educadores foram até a praia para uma ação ativista de catação de lixo em uma campanha de praia limpa e lixo zero. As crianças e adolescentes claramente envolvidos se sentiam pertencentes e ativamente participantes nas decisões e ações realizadas. Tudo, absolutamente tudo, apoiado pela ética de uma educação regeneradora!

• • •

VISÃO HOLÍSTICA DA APRENDIZAGEM

A experiência formativa e vivencial em outubro de 2015 nessa escola foi um ponto de inflexão ao dar-me conta do tema estruturador dessa pesquisa. É surpreendente como a matriz pedagógica desenvolvida nessa escola dos sonhos dialoga diretamente com a matriz quádrupla de Dragon Dreaming e sua filosofia. Foi nessa experiência que pude confirmar a existência de uma escola formal totalmente diferenciada e voltada à educação de crianças e adolescentes, alinhada com minha visão educativa, geradora de um desenvolvimento integral, capaz de empoderar as melhores qualidades e expressividades, tornando todos os evolvidos cultural e ambientalmente engajados para soluções e iniciativas em um mundo que se transforma rapidamente.

DRAGON DREAMING NA FONTE
Aprender com histórias e projetos

Seria a primeira vez, depois de um ano, que eu teria a oportunidade de conhecer a cultura australiana pelo olhar de um australiano. Pela base dela, pelos nativos de lá. Poderia avançar meu inglês. E com sorte, sincronizar um encontro com John. Então, considerei a possibilidade de morar em Perth.

Contudo, para renovação do visto eu precisaria me matricular em uma escola de inglês e ter um recurso que não tinha e que os trabalhos de faxina não me dariam imediatamente. Foi quando, sincronicamente, um pequeno terreno que havia herdado do meu pai havia sido vendido no Brasil depois de anos de espera. Estando ali, investir em mais seis meses de estudo e pesquisa me pareceu o correto a fazer. Renovei o visto, me mudei para Perth e continuei meus estudos.

Mais uma vez, me conectava com o sonho inicial, mas não havia nada definido, estava no fluxo de confiança e criação de minha realidade.

Então, enviei um e-mail para John, que ainda estava em turnê, comunicando-o que eu havia me decidido a ir morar em Perth por seis meses. Perguntava quando ele retornaria à Austrália e se poderíamos nos encontrar. Não tive resposta.

Respirei fundo e pensei: mais um pouco do não sei!

• • •

Eram os últimos dias de novembro de 2015 quando me mudei para Perth e fiquei hospedada em um albergue por duas semanas, procurando casa compartilhada para alugar um quarto. Eu já tinha adquirido grande experiência em Melbourne, onde pelos mais diferentes motivos e independente de mim, durante nove meses me mudei sete vezes como já havia mencionado. Dada a alta rotatividade de pessoas, há na Austrália uma cultura de locação por semanas, uma forma de organizar o tempo que torna tudo um pouco mais ágil. A cultura brasileira vive e se organiza pela lógica do mensal e anual. Você já imaginou alugar sua casa por semanas? Pois é assim que os contratos são feitos lá.

Estava escolada em identificar todos os detalhes importantes e não encontrava moradia. Cheguei a ver mais de 15 casas nos primeiros dez dias de Perth. Era um dia de temperatura de 45 graus Celsius! A Austrália tem temperaturas extremas e os espaços são grandes, então se você se põe a caminhar, será muito! Então, recebo um telefonema do John dizendo:

— Acabei de chegar à Austrália! Como você está? O que está acontecendo?

— Oi, John! Achei que só nos falaríamos em janeiro... Eu estou bem. Estou procurando casa...

— Não, você vem morar comigo! Vem morar aqui, eu tenho uma casa com um quarto vago, você já tem onde ficar!

— Nossa John, é mesmo?! Tem certeza disso?

— Sim, olha, vou buscar você aí no albergue.

Foi muito surpreendente!

Eu precisava de uma casa para morar e o John precisava de alguém que morasse na casa locando o quarto. E era o momento certo, no tempo certo, no lugar certo.

Então ele chamou um amigo para ajudá-lo a me buscar com a mala... E foi assim que conheci a Gaia House, onde eu moraria pelos meses seguintes.

Nunca havia me passado pela cabeça a possibilidade de conviver cotidianamente com John Croft na Gaia House, isso não foi planejado e se tornou uma das coisas surpreendentes desse período sabático. Viver realmente havia se tornado um projeto Dragon Dreaming!

E foi assim que conheci a Gaia House, onde eu moraria pelos meses seguintes.

A Gaia House, foi sede da The Gaia Foundation e local onde John e Vivienne viveram. Uma casa típica australiana, com uma biblioteca fantástica e um pequeno, mas valioso acervo de manuscritos, cadernos, imagens, objetos, ou seja, registros sensíveis dessa história.

A biblioteca devia ter cerca de três mil livros. John já havia lido todos, e alguns mais de uma vez. Também havia uma biblioteca pública próxima à casa, que ele frequentava. Isso me permitiu ter acesso a entender a fonte teórica e a fonte de pesquisa que fundamentam Dragon Dreaming, mas não somente pelo John. Uma parte considerável dessa biblioteca foi formada pela leitura de interesses e pesquisa de Vivienne. Então, também pude enxergar esse fundamento teórico e filosófico a partir dela. Era ela também quem cuidava da pequena loja de livros ecologicamente engajados da Australian Gaia Foundation.

• • •

Quando me mudei para Perth, tinha muita curiosidade em mim, principalmente pelo que estava a meu redor! Percebia que pelos relatos de John Croft em cursos de formação em Dragon Dreaming e pelos estudos das fichas técnicas, havia adquirido um conjunto de imagens mentais e um repertório de informações sobre aquela cidade e região que aos poucos foram tomando corpo, realidade ou até se desfazendo em meio ao entendimento real do que havia sido compartilhado.

A PÉROLA DO DRAGÃO

De certa forma, entendemos aquilo que damos conta e preenchemos lacunas para facilitar essa compreensão, a partir de nossa própria realidade. Ou seja, somos nós que podemos não entender com a mesma profundidade o que nos é dito. Isso foi uma clareza que tive ao morar lá – as compreensões sobre o que está contado ou descrito irão até onde se dá conta de ir.

· · ·

Não sei dizer se John se lembra, mas a primeira coisa que ele fez depois de me apresentar a meu quarto na Gaia House foi me levar à biblioteca e me mostrar onde ele guardava a cópia dele do Manual Dragon Dreaming; e cinco meses depois, a última coisa que ele me apresentou, na noite anterior a sua viagem para uma nova turnê internacional, foi mostrar-me onde ficava o livro original, com escrita e fotografias por Vivienne Elanta, na mesma biblioteca. Entre essas duas ações significativas para mim, muito mais se completou.

· · ·

Muitas perguntas eram vivas para mim, sobre a origem e o contexto apresentado por John em seus cursos, algumas dessas perguntas eram mais ou menos assim: O que da cultura aborígine está pulsante em Perth? O que a cultura aborígine de fato significa para a origem dessa metodologia e dessa filosofia? Como é a relação deles com John hoje? Como a metodologia Dragon Dreaming é percebida pelos australianos? Quando John conta as histórias de Vivienne Elanta e de como ela se relacionava com a comunidade do entorno da Gaia House ou mesmo no Instituto... Quem eram essas pessoas? Que lugar é esse? Como as pessoas da Austrália Ocidental vivem na capital mais isolada do mundo? É possível compreender quais eram as transições, os padrões que estavam sendo rompidos, transformados, recriados naquela época, naquele contexto? O que isso representa hoje?

DRAGON DREAMING NA FONTE

Compartilho-as agora não porque tenha a pretensão de respondê-las todas aqui, mas para lembrar que beber da fonte é aprofundar suas mãos na água. As relações com tudo e todos são feitas de perguntas e nem sempre de respostas. Faz parte do aprendizado ir aos encontros e aprofundá-los saudavelmente questionando.

• • •

John e Vivienne, dois seres com princípios éticos, vivendo de maneira muito pioneira os padrões de uma nova sociedade, na década de 80, 90 e início dos anos 2000. Pelo que pude ter acesso, quando se uniram houve um resultado extremamente criativo, produtivo e pleno. Por um lado, pelo percurso de John, mas também pelo de Vivienne. Passaram a conviver na máxima potência para a qual eles vieram viver. Os dois tinham essa liga das questões ambientais e sociais, e todos os elementos complementares em suas práticas e posições éticas pessoais.

> Os dois tinham essa liga das questões ambientais e sociais, e todos os elementos complementares em suas práticas e posições éticas pessoais.

Embora John já tivesse chegado a boa parte do que hoje conhecemos como Manual Dragon Dreaming para comunidades,[16] a partir de sua experiência na Papua-Nova Guiné antes de conhecer Vivienne, a sistematização da metodologia Dragon Dreaming como conhecemos hoje, vem da modelagem e reconhecimento da existência e coerência da

---

16 A Manual for Personal Empowerment, Community Building & Environmental Action, por John Croft. Publicado por The Gaia Foundation (1991).

história deles, as práticas e estudos, trabalho, ativismo e crenças vivenciadas por um longo período entre os dois.

Por isso, parece ter sido tão pleno, porque estava tudo ali. Eles tinham os elementos dentro de seus percursos, tinham as habilidades que precisavam e não pararam de desenvolvê-las. Tinham uma escuta muito profunda para o contexto em que estavam inseridos. Então, o surgimento da metodologia e filosofia Dragon Dreaming me parece ser algo maior que eles. Honrando a morte de sua companheira e segunda esposa em 2004, e sua jornada pessoal, John continuou aperfeiçoando o Dragon Dreaming.

• • •

De certa forma, pode-se dizer que o Dragon Dreaming surgiu como um processo educativo, já logo no início. Talvez essa seja uma das mais belas descobertas dessa pesquisa autodirigida: reconhecer as fontes nutridoras de onde as pérolas do dragão nascem. E muitas delas, encontrei em viagem e experiências; outras, por meio de histórias contadas por John Croft presencialmente em sua terra natal, que fica em um lugar no mundo onde é dia quando no meu país é noite e vice-versa.

• • •

Quando John era professor do ensino médio, suas experiências, lecionando nesse período, o forçaram a pensar em alternativas educacionais. A primeira escola em que lecionou foi em Albany, na Austrália, por dois anos. Os estudantes de sua turma tinham, em média, 14 ou 15 anos, e eram adolescentes que só haviam tido experiências negativas na escola. Eles tinham ouvido que não eram muito inteligentes nem muito capazes. As professoras os odiavam. John conta que, depois da primeira aula com eles, pensou: "se eu puder atingir esses jovens, poderei atingir qualquer jovem". Duas semanas depois, dizia para si: "se eu puder

DRAGON DREAMING NA FONTE

controlá-los, posso controlar quaisquer outros jovens". E, duas semanas mais tarde, já pensava: "se eu puder sobreviver a eles, posso sobreviver a qualquer jovem". Foi um trabalho muito, muito árduo tentar ensinar adolescentes que haviam tido apenas experiências negativas na escola!

O que aconteceu com aquela turma foi que, no ano anterior, quando a direção perguntou a todas as professoras da escola se elas tinham preferência para as turmas que queriam no próximo ano, todo mundo respondeu: "qualquer uma, menos aquela". E assim, para aquele grupo não-quisto, todas as disciplinas eram ministradas por profissionais recém-saídos da universidade, porque nenhum outro que o conhecesse o queria.

Após dois anos, John chegou a Perth e foi lecionar em uma escola de ensino médio de classe trabalhadora. Ele diz que: "se eu tinha achado que a escola em que trabalhei no campo era difícil, esta era ainda pior". Ele deu aulas dois anos lá e depois foi para uma escola em Londres, que era classificada como a pior escola da Inglaterra. Toda professora tinha um molho de chaves e se trancava na classe com a turma. Havia lutas e brigas de faca. Uma criança se cortava no playground, provavelmente a cada quinze dias. Carros de polícia ficavam parados em frente à escola três vezes por semana. Todas as crianças que saíam da sala precisavam ter um bilhete da professora dizendo que tinham permissão para buscar algo ou ir ao banheiro. Foram experiências que, aos poucos, foram sensibilizando John e inspirando-o a buscar meios diferentes de educar.

Naquela época, John estudava educação comparada e aprendeu que na Rússia as professoras tinham que visitar a família de todas as crianças que ensinavam... na casa delas! Isso o fascinou. Ele enviou bilhetes para as famílias da turma, dizendo: "Meu nome é John Croft. Sou o professor de sua filha/seu filho e sei que você se interessa por sua educação, e adoraria visitar sua casa para discutir sobre isso para torná-la a melhor educação possível." O inferno veio à tona! As mães e pais diziam:

"Sobre o que esse professor quer falar comigo? O que meu filho fez de errado?" Resultado: John foi chamado pela direção da escola e foi orientado a se desculpar com todas as famílias pelo estresse que havia causado.

Contudo, esse fato lhe ensinou algo. Ele conta que havia uma garota em sua turma, em Londres, que tinha 15 anos e era a mais velha de cinco irmãos. A irmã mais nova dela tinha três anos. Sua mãe havia sumido com um amante logo após o nascimento da caçula, e era ela quem alimentava os outros irmãos. Seu pai bebia. Era um alcoólatra que voltava para casa tarde da noite. Ele agredia as crianças fisicamente, as espancava. Ela lavava toda a roupa, preparava todas as refeições, fazia toda a faxina, e ainda levava a irmã de três anos para a casa de alguém, que cuidava da menina enquanto ela estivesse na escola. Havia suspeita de que ela era abusada sexualmente pelo pai. Na percepção de John, essa garota de 15 anos chegava à escola e ela só queria ser uma criança. Todas as professoras tornavam a vida dela ainda mais infernal. Isso tocou muito o coração de John.

Conforme ele ia ganhando mais experiência como professor, seus ideais ficavam comprometidos, estavam indo embora. Mas, ele conta que houve um momento em que aquelas experiências e seus ideais se cruzaram. Ouvindo as professoras conversarem sobre o mundo lá fora, ele se lembrou que entre os seis e os 16 anos não queria ir para a escola. Foi aí que veio a percepção de que **o mais importante em educação não é o que se aprende na escola, mas é o que se aprende fora da escola.** "A gente aprende nossa primeira língua fora da escola, aprende a resolver problemas fora da escola, aprende a socializar com outras pessoas fora da escola. E essas são as coisas mais importantes que você aprende na vida e são todas fora da escola".

A partir daí o que ganhou a atenção do John foi: "É possível melhorar a educação fora da escola?".

Ele já havia percebido que naquela educação escolar os estudantes chegavam à sala de aula e, após a primeira semana, toda as salas poderiam ser classificadas, da melhor à pior. E, no final do ano, no exame final, via-se que a turma se encaixava de forma muito semelhante à classificação atribuída no final da primeira semana. John pensou: "Tem que existir uma maneira melhor... Precisa existir uma maneira melhor".

... o mais importante em educação não é o que se aprende na escola, mas é o que se aprende fora da escola.

Infelizmente, essa realidade não era diferente da que eu havia encontrado na rede pública de ensino da prefeitura de São Paulo no final da década de 90 e início dos anos 2000.

Era recém-formada e lecionava como professora de artes nas periferias da cidade. Primeiro, passei em um concurso público como professora-substituta, quase sempre pegando aquelas turmas que ninguém queria; depois, como efetiva, mas sendo alocada em escolas a duas horas de viagem para ir e duas horas para voltar de minha casa.

Além de todos os desafios sociais, que iam do analfabetismo funcional, passando por ter que separar briga de estudantes no banheiro, carro de professor incendiado pelo tráfico de drogas e aula cancelada por causa de tiroteio, ainda assim, investia parte de meu próprio salário como educadora na compra de materiais escolares básicos e levava meus livros de arte em um carrinho de feira para minimamente promover alternativas de acesso e outros repertórios para aqueles jovens alunos.

Houve um ano, que para cumprir a carga de 40 horas semanais, cheguei a ter 12 turmas, cerca de 500 alunos de 10 a 16 anos. O melhor reconhecimento que tive foi de uma professora que tinha assumido as aulas de biologia nas mesmas turmas que as minhas e no final do ano após ter apresentado o resultado dos projetos dos alunos em um festival de artes que organizei com eles para toda a escola, ela me procurou para me cumprimentar com a seguinte frase:

— Você faz tudo o que nos orientam a não fazer em aula, e dá certo, não?

Eu apenas agradeci, imaginando se o que ela havia presenciado e percebido ali a moveria a ousar mais no próximo ano.

Ela se referia ao envolvimento de estudantes considerados inúteis e desacreditados em seus potenciais que estavam se apresentando e se expressando com suas músicas, danças, poesias, desenhos e vestimentas autorais e em ações conjuntas com outros colegas de turma. Também, se referia às práticas educativas de projetos em pequenos grupos, sentar em círculo, experimentar a consciência corporal, a meditação, a música para estimular a criatividade, utilizar outros espaços da escola como possíveis para uma aula, promover excursões... me recusar a fazer bandeirinha de festa junina durante as aulas de artes se a professora de matemática ou outras disciplinas não o fizesse também... Essas coisas que para mim eram básicas para uma educação saudável, potencialmente criativa, estimulariam o melhor e o aprender de cada um e do grupo, mas que pareciam afrontar o status quo da comunidade escolar.

Um aprendizado importante que levo comigo daqueles anos é o entendimento de que as crianças com maior dificuldade de adaptação, problemas comportamentais, relações destrutivas na escola ou defasagem na aprendizagem, em sua grande maioria tinham suas bases familiares desestruturadas. Muitas delas estavam sofrendo ou presenciavam algum tipo de violência doméstica; e a escola tornava-se um território para dizer isso como podiam.

Ao final de um ciclo de quatro anos me exonerei do concurso público para o qual eu havia passado em primeiro lugar. Entendi que serviria melhor à educação fora da escola do que dentro dela, e passei a trabalhar com adultos, influenciadores de sua realidade, em diferentes contextos de aprendizagem.

> Muitas delas estavam sofrendo ou presenciavam algum tipo de violência doméstica; e a escola tornava-se um território para dizer isso como podiam.

Devido ao interesse pela educação fora da escola, John Croft foi para a Universidade de Londres, fazer pós-graduação em educação na Escola de Educação para Países em Desenvolvimento. Lá havia 120 estudantes de 87 países diferentes e o interesse de John era em administração e planejamento educacional para o ensino fora da escola, mas não havia um curso assim. Todos os cursos eram voltados para a educação escolar. John acabou "criando" seu próprio curso sobre educação fora da escola na Universidade de Londres, a sua maneira, e obteve as melhores notas. A universidade lhe ofereceu acesso direto ao programa de doutorado, para especializar-se em administração educacional e planejamento para educação fora da escola. E foi aí que ele tomou conhecimento sobre o trabalho de Paulo Freire.[17]

• • •

---

17 Paulo Reglus Neves Freire (Recife, 19 de setembro de 1921 – São Paulo, 2 de maio de 1997) foi um educador e filósofo brasileiro. É considerado um dos pensadores mais notáveis na história da pedagogia mundial, tendo influenciado o movimento chamado pedagogia crítica. É também o patrono da educação brasileira. Autor de diversos livros entre eles "Pedagogia do Oprimido (1968)", Pedagogia da Esperança (1987)", "Pedagogia da Autonomia (2009)" e "Pedagogia da Indignação (2000)", ganhou o Prêmio de Educação para a Paz da UNESCO em 1986. Fonte: Wikipédia, a enciclopédia livre.

No início de sua pesquisa, John pesquisava sobre Java Oriental, na Indonésia. Então, ele foi orientado: "Para fazer seu programa de doutorado, você precisa conhecer Java primeiro", e assim ele foi até lá.

> Por não ter professores, toda a comunidade se envolveu nos estudos. Então, tinha criador de galinhas que ia para a escola e dava uma aula para que as crianças aprendessem a cuidar de galinhas.

Enquanto John pesquisava sobre educação em Java, percebeu que o maior custo da educação era a folha de pagamento. Os salários dos professores eram cerca de 90% do custo da educação. Nessa época, apenas dois terços das crianças podiam ir à escola, não mais do que isso, pois a Indonésia já gastava mais de 20% do orçamento do governo em educação. Não tinham mais dinheiro para investir nisto, mas havia um projeto do Banco Mundial onde se questionava o seguinte: "se o governo já está gastando 20% do orçamento com educação e só podem mandar 60% das crianças para a escola, como vão educar os outros 40%, já que eles simplesmente não têm dinheiro?".

Foi, então, que apresentaram o seguinte projeto: "e se usássemos alguns dos gastos da educação com materiais autodidáticos, para que as crianças pudessem pegar o livro e se educarem sem um professor, e as crianças mais velhas pudessem educar as mais novas? Talvez pudéssemos ter um professor para 300 estudantes". E assim o fizeram. O projeto nunca chegou a um professor para 300 alunos. O mais perto que chegaram disso foi cerca de um para 150 estudantes.

Porém, outro processo começou a acontecer e foi revolucionário! Não apenas as crianças mais velhas estavam educando as mais novas. Como os materiais foram reescritos para que as crianças estudassem em casa, elas levavam seus livros para casa e suas mães e pais, ao manusearem os livros, se davam conta de que não conseguiam ler e escrever, e assim os livros começaram a ensinar mães e pais a lerem e escreverem também. Foi algo muito interessante!

Por não ter professores, toda a comunidade se envolveu nos estudos. Então, tinha criador de galinhas que ia para a escola e dava uma aula para que as crianças aprendessem a cuidar de galinhas. Tinha o barbeiro, o homem que corta o cabelo das pessoas, que vinha para a escola e ensinava tudo sobre corte de cabelo e sobre sua vida. Assim a comunidade ia para a escola, mas ao mesmo tempo a escola ia para a comunidade e recriava um tipo de educação diferente, o que é muito emocionante.

• • •

Também, durante a pesquisa e planejamento do doutorado, John verificou que havia três lugares no mundo onde poderia ampliar sua pesquisa. Um deles era nos Estados Unidos, em Michigan. O segundo era através da UNESCO, em Paris, pois eles tinham uma organização chamada Instituto Internacional de Planejamento Educacional com muitos materiais sobre educação fora da escola. O terceiro era a Organização Internacional do Trabalho, em Genebra, que realizava muitos cursos sobre organização de cooperativas.

John leu todos os materiais que foram feitos nos Estados Unidos, mas não foi até lá. Esteve em Paris e Genebra, e depois dessa etapa, se envolveu em um projeto com seu supervisor de doutorado, pesquisando como criar escolas mais relevantes para a vida das aldeias na África, em dez países africanos. Foram coletadas todas as estatísticas desses

A PÉROLA DO DRAGÃO

países africanos e registradas num livro escrito a duas mãos. John também trabalhou com a organização The International Extension College, criada por Michael Young.[18]

• • •

John conta que Michael Young teve grande impacto no Dragon Dreaming. Ele foi o criador da Universidade Aberta, uma das maiores universidades do mundo.

A Universidade Aberta/The Open University (comumente chamada Open University ou OU) é uma universidade estadual, fundada e mantida pelo governo do Reino Unido em 1969, com o Lema "Aprende e Vive". Com o objetivo de abrir o ensino superior a todos, independentemente da origem ou das circunstâncias. A universidade se coloca como missão estar aberta a pessoas, lugares, métodos e ideias – e, como tal, igualdade e diversidade estão no centro de tudo que fazem. Dedicam-se continuamente à justiça social e à igualdade de oportunidades como valores de uma visão de equidade social.

Em manifesto publicado no site da instituição, a comunidade universitária se coloca como inclusiva e justa para uma sociedade culturalmente diversa e explicam:

> Estamos criando uma comunidade universitária onde as pessoas são tratadas com dignidade e respeito; desigualdades são desafiadas; antecipamos e respondemos positivamente a diferentes

---

18 Michael Young (Manchester, 9 de agosto de 1915 – Londres, 14 de janeiro de 2002) foi um sociólogo, político e ativista social britânico que criou o termo "meritocracia". É autor do livro "The Rise of the Meritocracy" (1958) onde introduziu o neologismo meritocracia. É autor também de "Is Equality a Dream?" (1972) e "Mutual Aid in a Selfish Society: A Plea for Strengthening the Cooperative Movement com Marianne Rigge" (1979). Fonte: Wikipédia, a enciclopédia livre.

necessidades e circunstâncias para que todos possam alcançar seu potencial. (...) Valorizamos a diversidade e reconhecemos que diferentes pessoas trazem diferentes perspectivas, ideias, conhecimentos e cultura, e que essa diferença traz uma grande força. Acreditamos que a discriminação ou exclusão é baseada em características e circunstâncias individuais, como idade; incapacidade; responsabilidades de cuidado ou dependência; gênero ou identidade de gênero; casamento e status de parceria civil; opinião política; gravidez e maternidade; raça, cor, casta, nacionalidade, origem étnica ou nacional; religião ou crença; orientação sexual; background socioeconômico; o status de filiação sindical ou outras distinções representam um desperdício de talento e uma negação de oportunidade para a autorrealização. Reconhecemos que os padrões de sub-representação e diferenças nos resultados da The Open University podem ser desafiados por meio de programas de ação positiva. Respeitamos os direitos dos indivíduos, incluindo o direito de ter diferentes pontos de vista e crenças. Não permitiremos que essas diferenças se manifestem de forma hostil ou degradante para os outros. Esperamos empenho e envolvimento de todos os nossos funcionários, alunos, parceiros e fornecedores de bens e serviços no trabalho para a concretização da nossa visão.

Tem um quarto de milhão de estudantes e não conta com qualificações de entrada. Qualquer pessoa pode ir à Universidade Aberta e estudar medicina, direito ou qualquer curso que desejar. Tudo era feito através da educação por correspondência. Atualmente, usam-se computadores e internet, mas era por rádio, televisão e grupos que se reuniam e estudavam em equipe. Podemos dizer que a Universidade Aberta precedeu o que hoje conhecemos como EAD – Ensino à Distância.

A PÉROLA DO DRAGÃO

Para John, Michael Young foi, provavelmente, uma das pessoas mais criativas que conheceu. Um exemplo disso é o fato a seguir: Michael costumava viajar todos os dias de Cambridge a Londres, e pegava o trem expresso, sem paradas. Era uma viagem de uma hora. As pessoas se sentavam em pequenos compartimentos com oito lugares, uma de frente para a outra, e uma pequena porta. Michael pensou: "Que lugar fantástico para uma aula!". A partir dessa percepção, ele convenceu a British Rail a reservar um vagão de trem para a educação: as pessoas podiam ir a Londres e fazer um curso de violão pela manhã e, à noite, voltavam fazendo um curso de contabilidade. Havia uma professora e sete estudantes em cada compartimento.

> "Michael Young escreveu este livro como uma sátira, mas as pessoas levaram a sério e se acostumaram a falar sobre meritocracia, mas ele não acreditava nisso, de fato".

Ao me contar isso, John se empolga: "Genial! Maravilhoso! Esse é o tipo de homem que Michael Young era! E continua: ele foi uma das pessoas que se envolveu na criação do Schumacher College e viveu até os 98 anos de idade."

Ao escrever o livro Os Direitos da Meritocracia, ele criou a palavra "meritocracia". Hoje em dia há pessoas que falam sobre sociedade meritocrática, onde existe uma hierarquia, onde todo mundo é promovido de acordo com seu próprio nível de mérito. Segundo John, "Michael Young escreveu este livro como uma sátira, mas as pessoas levaram a sério e se acostumaram a falar sobre meritocracia, mas ele não acreditava nisso, de fato".

• • •

Quando John foi para Genebra, sabia que Paulo Freire estava trabalhando no Conselho Mundial de Igrejas e entrou em contato com ele. Conseguiu marcar uma conversa de 20 minutos, porque Paulo Freire era um homem ocupado e muitas pessoas queriam vê-lo. John ri ao se lembrar:

> Ele era um fumante inveterado. O escritório dele era cheio de fumaça. Começamos a conversar e ele se interessou pelo que eu estava fazendo. 'Por que eu estava interessado em educação fora da escola? Por que Java Oriental? Por quê? Por quê? Por quê?'... Ele tinha muitas perguntas e eu também. E então ele ligou para a secretária e cancelou o próximo compromisso, e conversamos por cinco horas. E esse foi um dos momentos decisivos da minha vida, porque o que ele disse foi que o modo convencional de educação, a educação formal, não é sobre libertação humana. É sobre controle social. E não se trata de humanização, é sobre domesticação.

Paulo Freire falou a John sobre o que ele chamava de abordagem bancária da educação, onde a professora é a pessoa que está completamente no controle e assume que todos os estudantes são ignorantes. Daí ela coloca um "pequeno depósito" do que sabe na cabeça deles, para que fiquem menos ignorantes. Paulo contou a John da vez em que escreveu um ensaio sobre a época em que lecionava na universidade e um dia, de repente, percebeu que toda sua turma era da mesma origem social. A sala inteira, ou quase inteira, era branca, embora naquela comunidade houvesse um grande número de pessoas negras e pardas, mas elas não estavam em sua classe. Eram de famílias de classe média alta, muito ricas, e as pessoas em seu ensaio teórico não eram muito ricas, o que o levou a pensar que em sua turma ninguém representava a pessoa comum da comunidade, então isso o interessou.

A PÉROLA DO DRAGÃO

Paulo Freire já se interessava, mas estava ainda mais interessado na alfabetização de adultos, ensinando adultos a ler e escrever. Ele conhecia os materiais de alfabetização para adultos e eles eram adaptados dos materiais de alfabetização usados para crianças na escola: no conteúdo desses materiais havia um marido e uma esposa com dois filhos, e um gato e um cachorro, e eles tinham um carro e eles moravam em uma casa e era tudo legal. Tudo era "feliz"... Foi quando ele percebeu que essa não era a experiência das pessoas das quais ele falava e que essas pessoas estavam sendo forçadas a uma cultura diferente daquela em que viviam. Paulo se interessou por um método diferente de alfabetização de adultos, que levasse em consideração as experiências das pessoas que estavam aprendendo. E é daí que surgiu a experiência "Conscientização",[19] quando disse: "O professor tem que morrer como professor para renascer como estudante, para poder aprender a cultura das pessoas com quem trabalha". Algo similar foi adotado por John Croft na filosofia Dragon Dreaming quando ele diz "O sonho de um sonhador deve morrer para renascer um sonho coletivo".

Então, educador em conjunto com os estudantes cocriam uma experiência de aprendizagem. Esse processo de cocriação é o processo de libertação humana, que segundo o método de Paulo Freire permite que as pessoas que estão chegando à alfabetização "escapem" do que ele chamou de cultura do silêncio, uma cultura na qual elas não têm voz. Esse era então um aprendizado de outro nível, dar voz aos sem voz, ou ainda, dar uma voz à mudança, às transformações.

John fala emocionado:

---

19   FREIRE, Paulo – Conscientização – Teoria e Prática da Libertação. Uma Introdução ao Pensamento de Paulo Freire. CORTEZ & MORAES. São Paulo, 1979.

DRAGON DREAMING NA FONTE

Houve uma afirmação dele que teve um grande efeito em mim e para o Dragon Dreaming. Ele disse que "uma teoria que não tem efeito na prática é irrelevante, mas uma prática que não é informada por uma teoria é cega". A verdadeira mudança acontece por meio da integração da teoria e da prática, e por meio dessa integração tanto a teoria quanto a prática passarão por mudanças. Este pensamento me inspirou a encontrar a segunda dimensão do Dragon Dreaming, a dimensão da teoria e prática, a dimensão vertical.

John já havia encontrado a primeira dimensão, entre indivíduo e o meio ambiente, através de um trabalho realizado na Universidade de Michigan, que dizia que a educação é a imagem espelhada do desenvolvimento. Uma Educação genuína resulta na educação do indivíduo e em melhores resultados no desenvolvimento socioambiental e não pode haver boa educação se o desenvolvimento do meio ambiente for ruim, e não haverá educação ruim se o desenvolvimento do meio ambiente for bom. Ele dizia que educação e desenvolvimento são como imagens espelhadas da mesma moeda. Você olha de um ponto de vista, e é educação. Você olha de outro ponto de vista e é desenvolvimento.

John conta também que, naquela mesma época do encontro com Paulo Freire, leu um livro sobre o desenvolvimento na Indonésia que dizia que todos nós, cada pessoa no planeta, está em uma ponte entre o 'onde estão' ou o 'onde estiveram' para o 'aonde estão indo'. Sempre estamos nessa ponte. Para algumas pessoas, a lacuna entre 'onde se está' e para 'onde se está indo' é muito estreita e fácil de cruzar, mas o livro dizia que para algumas pessoas essa lacuna é enorme, e vai levar muito tempo para ser atravessada, e concluía que todos os problemas no mundo são um problema de desenvolvimento. Pode ser um problema de excesso de desenvolvimento, pouquíssimo desenvolvimento ou desenvolvimento do tipo errado. Juntando isso com o que disse sobre a

83

Michigan State University, John conclui: "Se todo problema é um problema de desenvolvimento, então todo problema também é um problema de educação".

Assim foi criada a primeira dimensão do Dragon Dreaming, entre o indivíduo e o meio ambiente, entre a educação e o desenvolvimento, vendo os dois como integrados.

• • •

A essa altura, John já tinha duas dimensões: indivíduo-ambiente e teoria-prática. Isso criou a estrutura do Dragon Dreaming que, mais tarde, ele usou para analisar e estudar muitos aprendizados e desenvolvimentos variados que surgiram de diferentes tipos de projetos, e escreveu sobre eles em seu doutorado. Essa estrutura se tornou o núcleo do Dragon Dreaming.

A segunda parte dessa estrutura foi quando ele criou os quatro quadrantes, inspirado pelo escritor inglês Gregory Bateson.[20] Gregory foi marido de Margaret Mead,[21] famosa antropóloga, que escreveu sobre crescer em Samoa e outros livros também. Gregory Bateson é pioneiro importante na teoria de sistemas complexos. Ele se interessava pelo funcionamento dos sistemas e escreveu um livro chamado Passos para uma Ecologia da Mente, no qual ele fala sobre quatro

---

20   Gregory Bateson (Grantchester, Inglaterra, 9 de maio de 1904 – São Francisco, Califórnia, 4 de julho de 1980) foi um antropólogo, cientista social, linguista e semiólogo inglês, cujo trabalho abarcou diversos campos do saber. Na década de 1940, ele ajudou a estender a teoria de sistemas e a cibernética para as ciências sociais e comportamentais. Autor de Steps To An Ecology Of Mind (1972) E Mind And Nature, A Necessary Unity (1979). Fonte: Wikipédia, a enciclopédia livre.

21   Margaret Mead (Filadélfia, 16 de dezembro de 1901 – Nova Iorque, 15 de novembro de 1978) foi uma antropóloga cultural norte-americana. Publicou diversos livros, entre eles: Crescendo na Nova Guiné (1930). Masculino e feminino (1949). Cultura e compromisso (1970). Fonte: Wikipédia, a enciclopédia livre.

etapas, ou níveis de aprendizagem, onde cada uma delas contém a anterior e a supera. "Tudo na teoria dos sistemas começa com estímulos", escreveu Gregory e deu muitos exemplos de estímulos diferentes, mostrando que na maioria deles as pessoas não prestam atenção e ficam estagnadas, ou ainda, com sua visão de mundo limitada à realidade percebida. Ele defende uma educação e comunicação onde se "aprenda a aprender".

Inspirado em Gregory, John explicou:

> O estímulo é algo que está no ambiente e nós não estamos nem mesmo cientes de que está acontecendo. Você ouve esses pássaros cantando lá fora? Não estamos sequer prestando atenção. Então, só quando eu coloco a atenção nisso, quando eu presto atenção nisso, eu fico ciente de que está acontecendo. Daí a gente percebe que se o estímulo representa uma diferença, então temos que passar por um processo em que essa diferença faça a diferença. Você nota que há um limite que precisa ser atravessado, quando começamos a prestar atenção no estímulo. Dizemos que é só então, uma vez que prestamos atenção a ele, que esse estímulo pode produzir uma ação. E veja só, essa é a terceira etapa, é a ação. A quarta etapa é que a ação deve ter um ciclo de feedback, deve produzir uma resposta. A maneira como produzimos uma resposta fará com que essa ação mude a natureza do estímulo. Ela aumentará ou reduzirá o estímulo.

Ao ter contato com as ideias de Gregory, John percebeu que o processo proposto por ele se encaixava no que estava amadurecendo para o Dragon Dreaming, em um processo fractal. Estímulo, limiar, ação e resposta: essas quatro etapas podem ser encaixadas em qualquer escala.

Estímulo, limiar, ação e resposta: essas quatro etapas podem ser encaixadas em qualquer escala.

Quinze anos antes de conhecer esse processo, John conta que leu a obra de um historiador inglês chamado Arnold Toynbee,[22] autor do livro Um Estudo da História (A Study of History), onde dizia que tínhamos uma visão errada da história. Toynbee afirmava que uma nação não é a unidade na qual a história deve ser estudada. Ele dizia que a Inglaterra, por exemplo, é apenas parte de uma cultura muito maior, que é a civilização e que precisávamos estudar civilizações, não apenas nações. Ele analisou e constatou que existiram na história, em sua teoria, cerca de 21 civilizações no planeta. Ao estudá-las, descobriu que todas passavam por dois estágios. O primeiro é quando aparecia algo no ambiente que se apresentava como um desafio para o povo daquela cultura, e como resultado desse desafio, o povo produzia uma resposta, ou seja, o segundo estágio. John percebeu que "desafio e resposta" eram iguais a "estímulo, limiar, ação e resposta" e que dava para encaixar a história de uma civilização inteira nas quatro etapas que Gregory Bateson criou.

Na ótica de John, essas quatro etapas cobrem muitas coisas diferentes, do começo ao fim, da biologia a vidas individuais: infância, adolescência, vida adulta e maturidade; manhã, tarde, noite e madrugada. Tudo parece se encaixar na mesma matriz quádrupla, que ele começou a aplicar em Java em seu primeiro campo de pesquisa.

• • •

---

22   Arnold Joseph Toynbee, CH (Londres, 14 de abril de 1889 – 22 de outubro de 1975) foi um historiador britânico, cuja obra-prima é Um Estudo de História (A Study of History), em que examina, em 12 volumes, o processo de nascimento, crescimento e queda das civilizações sob uma perspectiva global. Fonte: Wikipédia, a enciclopédia livre.

Após quatro anos em Londres, John Croft voltou para a Austrália e foi dar aulas na universidade, em formação de professores, educação de aborígenes, sociologia da educação, filosofia da educação e educação do futuro. Foi a chance de aplicar tudo o que aprendeu em Londres, ensinando a professores. Foi um trabalho que durou 12 meses.

Após essa experiência, procurando um novo trabalho, viu um anúncio no jornal sobre um emprego no Banco Mundial para atuar em educação fora da escola, nas Terras Altas do Sul de Papua-Nova Guiné. Ele se candidatou ao emprego e, dentre 600 candidatos para o trabalho, ele foi o escolhido. John e família partiram para Papua-Nova Guiné no dia primeiro de abril de 1980.

Ele assumiu o cargo de Coordenador de Educação Fora da Escola do Projeto de Desenvolvimento Rural Integrado das Terras Altas do Sul. Ele conta que foi uma época fascinante porque essa região foi a última parte de Papua-Nova Guiné a ser contatada. Tinha, naquela época, uma população de 250 mil pessoas e, atualmente, tem uma população de 500 mil pessoas. Havia 22 idiomas de diferentes culturas. Essa região foi contatada pela primeira vez e com maior frequência a partir do final dos anos 1950 até o início dos anos 1960. Como John esteve lá em 1980, fazia apenas cerca de 15 anos que aquelas pessoas tinham sido conhecidas pelo mundo exterior. "E se um homenzinho verde aparecesse em São Paulo amanhã e falasse que agora vocês fazem parte de um império intergaláctico!? Grande estranhamento, certo? Foi assim para as pessoas que viviam naqueles vales."

John se tornou responsável pela educação fora da escola e tinha uma equipe de nove pessoas. Ele criou dois novos cargos para coordenadores de alfabetização, que foram treinados nos métodos de Paulo Freire. "Foi muito divertido!", relata John.

John diz que as experiências em Papua-Nova Guiné, em quatro anos, foram o ponto de inflexão de sua vida. Era como se, até então, tudo que havia feito tivesse sido teórico e, naquele momento, ele tivesse a chance de colocar em prática. O projeto de alfabetização foi com 400 pessoas alfabetizadoras voluntárias e 6.000 estudantes adultos, em 12 línguas ao mesmo tempo.

> "E se um homenzinho verde aparecesse em São Paulo amanhã e falasse que agora vocês fazem parte de um império intergaláctico!? Grande estranhamento, certo? Foi assim para as pessoas que viviam naqueles vales."

Com uma posição privilegiada para fazer contatos internacionais e institucionais, John e sua equipe de nove pessoas estimularam e colaboram com a realização de outros projetos em Educação Regenerativa, que considerava o desenvolvimento comunitário e territorial, e relata:

O acesso à água potável é um grande problema em Papua--Nova Guiné, até hoje. Montamos um projeto de abastecimento de água para as aldeias com dinheiro da Europa e do Japão para isso. Em três anos, foram construídos 110 projetos de abastecimento de água nas aldeias. Um outro problema em Papua-Nova Guiné é que jovens, que frequentavam a escola, ficavam sem fazer nada na comunidade. Não conseguiam emprego, pois não havia empregos suficientes e isso deu início a um projeto para a juventude. Foram criados 318 grupos de jovens, em todas as partes das Terras Altas do Sul, nas aldeias, onde os jovens se reuniam e criavam um projeto próprio, com estudantes de dentro e de fora da escola, para fazerem algum tipo de projeto de melhoria na aldeia. Outro desafio em

Papua-Nova Guiné, nas Terras Altas do Sul, era que um homem comum trabalhava 18 horas por semana e isto era tudo o que ele fazia. Já uma mulher comum trabalhava 56 horas por semana. Eram as mulheres que cultivavam a maior parte dos alimentos, mas todas as pessoas que ensinavam como melhorar a agricultura eram homens, não mulheres. Isto era algo intrigante porque, na lei de Papua-Nova Guiné, as mulheres tinham os mesmos direitos que os homens. Elas tinham o mesmo direito ao voto, tinham os mesmos direitos políticos, mas eram os homens que comandavam tudo. Diante disso, foi criado um programa para 219 grupos de mulheres. Outro problema ainda era a nutrição das pessoas. A principal colheita que alimentava a população era de batata doce e as pessoas comiam batata doce no café da manhã, no almoço, no jantar. Elas também comiam vegetais locais e carne, quando matavam um porco, mas os porcos só eram curados uma vez por mês, então não havia muita carne na dieta delas. Por isso, John e sua equipe decidiram ter o "projeto do frango", para que as pessoas pudessem criar galinhas e ter uma alimentação mais balanceada. Em três anos, foram doadas 17.000 galinhas para elas. Foram realizados muitos outros projetos, por toda parte nas Terras Altas do Sul, e tudo isso com nove pessoas! Mas, para fazer tudo com nove pessoas, foi necessário envolver muitas outras e formar equipes. Tinha uma equipe de nutrição, uma equipe do frango, uma comissão de alfabetização, uma comissão de mulheres, uma comissão de jovens, uma comissão de abastecimento de água para a aldeia... Todas as pessoas interessadas nesses assuntos eram reunidas e os comitês planejados.

Muitas dessas técnicas de planejamento, que agora são do Dragon Dreaming, vieram dessa experiência de educação, gestão de comunidade e desenvolvimento territorial regenerativo.

Assim que terminou o tempo do contrato de três anos, John voltou para a Austrália, mas logo retornou para Papua-Nova Guiné por mais seis meses e ajudou o governo a montar um plano para os cinco anos seguintes em educação fora da escola, desenvolvimento territorial e comunidade.

· · ·

Quando voltou para a Austrália, John foi trabalhar para a Organização de Agricultores Júniores, na Austrália Ocidental.

Havia um problema ocorrendo com a agricultura na região como relatou John:

> Os agricultores estavam enviando suas filhas e filhos considerados "mais inteligentes" para a universidade e estavam deixando as filhas e filhos considerados "menos inteligentes" administrarem a fazenda. Sendo assim, criou-se uma turma de agricultores júniores na Austrália para desenvolver a agricultura, para fazer expansões agrícolas e estabeleceram o que se chamou de Conselho do Movimento Rural Jovem, com cinco escritórios de expansão e seus respectivos oficiais.

Ele assumiu um cargo como Oficial de Expansão e, usando toda sua experiência em Papua-Nova Guiné, trabalhou para fomentar o desenvolvimento na Austrália Ocidental através de jovens agricultores. Também foram criadas organizações, como a Associação Australiana para Comunidades Sustentáveis, realizados conferências e workshops de treinamento em todo tipo de coisa de agricultura à bioconstrução.

Quando o governo decidiu que iria fechar o Conselho do Movimento Rural Juvenil, disseram a John: "Você gostaria de doze meses de folga, com salário integral, para terminar seu doutorado?" Com esta oportunidade, John foi concluir seu doutorado que, inicialmente, era

DRAGON DREAMING NA FONTE

sobre a Indonésia, mas que ele mudou e escreveu sobre Papua-Nova Guiné, com base em suas inúmeras experiências por lá. Sua tese foi toda em torno de seu trabalho de campo lá e foi aí que surgiu o primeiro modelo da roda Dragon Dreaming.

• • •

Na sequência do doutorado, John se envolveu com desenvolvimento comunitário e educação comunitária no Departamento de Serviços Comunitários e Familiares. Isso envolvia trabalhar com assistentes sociais, que possuíam muitos clientes, e John procurava treiná-los em desenvolvimento comunitário. Como resultado dessa atividade, John conseguiu um emprego de professor na universidade por um determinado período, lecionando para assistentes sociais e outras pessoas interessadas em desenvolvimento comunitário.

Não havia material sobre isso na época e, então, John utilizou a estrutura que tinha desenvolvido em seu doutorado e a adaptou.

Foi assim que surgiu o Manual como conhecemos hoje, 60 módulos sobre desenvolvimento comunitário, nos 12 passos do que se tornou o Dragon Dreaming. Cada um dos 12 passos do Dragon Dreaming originou cinco módulos.[23] Para o curso pleno, a proposta era que os estudantes percorressem cada um dos 12 passos, em cinco módulos, a cada 15 semanas, completando o curso em quatro semestres. Portanto, havia cinco módulos sobre como despertar sua consciência, cinco sobre motivar-se ou motivar os outros, cinco sobre coleta de informações, cinco sobre como considerar alternativas, cinco sobre o design de estratégias, cinco sobre testes, entre os outros 12 passos como é possível observar na matriz Dragon Dreaming.

---

23   A Manual for Personal Empowerment, Community Building & Environmental Action, de John Croft. Publicado por The Gaia Foundation (1991).

A PÉROLA DO DRAGÃO

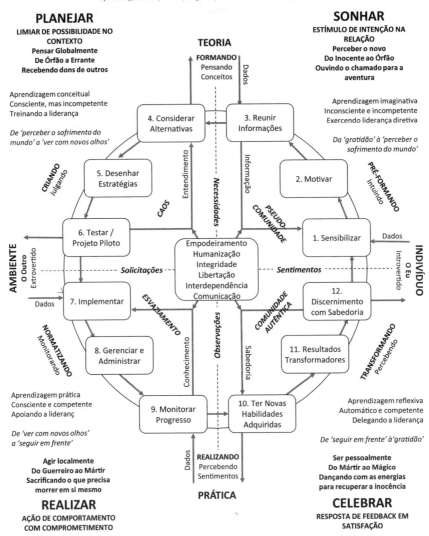

Matriz Dragon Dreaming com 12 pessos, por John Croft,
licenciado pela CreativeCommons 4.0.
Tradução de Áureo Gaspar. Vetorização por Ravi Resck.

DRAGON DREAMING NA FONTE

O curso e o manual que foi criado originalmente se chamava Waugl Dreaming, porque havia muito foco no desenvolvimento das comunidades aborígines envolvida e o waugl é a serpente arco-íris aborígene na região sudoeste da Austrália Ocidental. John verificou com os aborígenes, no Conselho de Anciãos de Noongar, se era possível chamá-lo de Waugl Dreaming e eles disseram que sim.

Mas, tantas pessoas perguntavam para John "Waugl? Ahn? O que é isso?", que ele decidiu mudar o nome de Waugl Dreaming para Dragon Dreaming. John desabafa: "A extensão da ignorância sobre a cultura aborígine na Austrália Ocidental em comunidades não-aborígines é enorme, é de partir o coração!".

● ● ●

Em 1990, foi realizado o primeiro curso com 20 pessoas e cada uma delas tinha que fazer um projeto durante o tempo do curso, usando as ferramentas que estavam no manual.

Dentre os projetos realizados, John destacou um que se lembrava bem, em que um homem da turma disse que a violação sexual das mulheres não era problema da mulher, era problema do homem.

> ... a violação sexual das mulheres não era problema da mulher, era problema do homem.

Ele afirmava que a violação sexual de mulheres só iria parar quando os homens assumissem o problema e o fizessem parar e alegava que todo homem se beneficiava com a existência da violação sexual das mulheres, todos eles. Essa problemática foi trazida por este homem perante a turma, em um dos diálogos de desenvolvimento de poder. John argumentou que nunca se envolveria de forma nenhuma em uma violação sexual de mulheres. E, este homem, respondeu: "Considere o seguinte: é uma noite escura e tempestuosa e você está andando na rua e não há mais ninguém e nem há fornecimento de postes de luz. Então está escuro e você ouve alguém andando atrás de você. Para a maioria dos homens isso não seria um problema, mas toda mulher sentiria medo como consequência. Os homens podem ir a lugares onde as mulheres não podem, e isso é uma vantagem para eles. Todo homem se beneficia disso e isso é resultado da violação sexual das mulheres." John concordou: "Sim, ele está certo. Ele tem razão.".

O projeto desse homem foi formar um grupo chamado "Homens Contra o Assédio Sexual", que se reunia semanalmente. Ao final do período, o grupo organizou uma marcha de homens pelas ruas de Perth, todos contra a agressão sexual. E, em outra oportunidade, ele juntou todo o elenco da peça "Os Miseráveis", de Victor Hugo, e todos os atores lideraram a marcha dos homens pelas ruas principais de Perth. Ele conseguiu 20.000 homens caminhando. Foi assim que John percebeu que havia algo especial no curso.

· · ·

Em 1995, John se dedicou a melhorar o manual e os módulos do Dragon Dreaming e, nessa época, ele e Vivienne estavam envolvidos em uma campanha para impedir o desmatamento das árvores na floresta do sudoeste da Austrália Ocidental. Como já vinham usando o método Dragon Dreaming em alguns projetos diferentes, através da Fundação Gaia desde 1986, eles organizaram um curso de 12 semanas em Dragon Dreaming para a campanha contra o desmatamento. Aos sábados pela manhã, durante duas horas, eles e um grupo de dez pessoas se sentavam embaixo de uma árvore e, com o manual em mãos, começaram o processo. Este se tornou o primeiro curso de Dragon Dreaming ministrado a pessoas fora da academia. Ele proporcionou

DRAGON DREAMING NA FONTE

um grande impacto na vida de todas elas, pois realizaram coisas incríveis depois.

Um dia, Vivienne e eu conversamos sobre o que queríamos fazer, e decidimos estabelecer os verdadeiros princípios da Gaia Foundation: crescimento pessoal, fortalecimento de comunidades, serviço à Terra. Fizemos muitos e muitos projetos por meio da Gaia Foundation. Desde 1986 até a morte de Vivienne, em 2004, fizemos 611 projetos e nenhum deles falhou. Fizemos todos os tipos de projetos e, o tempo todo, em todos eles, usamos o Dragon Dreaming. Em todos eles! Porque funcionava! E funcionava de novo! E continuava funcionando!

• • •

Vivienne teve uma infância e juventude difícil, em contexto rural em uma fazenda de extração de borracha na Libéria e depois em uma fazenda de agricultura na África do Sul. Sua família paterna de origem alemã havia sido assassinada durante a segunda guerra mundial e o pai dela, único sobrevivente mudou-se com a família para a África. Ele teve cinco filhos entre eles Vivienne. Após falência, a família se mudou para o norte da Austrália, recomeçando uma nova fazenda de agricultura. Durante toda sua adolescência até os 23 anos, Vivienne trabalhou na fazenda de seu pai. Quando, ela rompeu com a família e partiu, sem apoio dos pais, sem educação formal, sem formação alguma que não fosse a lida na fazenda... E então, trabalhou durante muito tempo como faxineira numa escola de meninos.

Entretanto, conseguiu entrar numa faculdade de secretariado, pagando com seu próprio dinheiro, que ganhou como faxineira e em seguida, trabalhou na cidade de Canberra, fazendo registro de dados para pessoas que pediam benefícios médicos.

A PÉROLA DO DRAGÃO

Vivienne teve toda uma jornada pessoal, tornou-se Vivienne Elanta e mãe-solo. A amiga Trícia, que havia conhecido na Associação Australiana para Comunidades Sustentáveis, convidou-a e sua filha com então seis anos para um piquenique; e convidou John também. Foi assim que eles se conheceram e a partir desse dia se uniram.

• • •

Vivienne por dez anos, entre 1985 e 1995, participou de muitos cursos, formações e passou por muitas técnicas terapêuticas para autodesenvolvimento e crescimento pessoal. "Todos mesmo! Ela fez psicodrama, consciência pessoal, renascimento, fórum... ela ia para esses cursos e terapias e quando voltava, estava diferente e eu pensava: 'o que fizeram com Vivienne?'", disse John. Isso estimulou que ele também fizesse parte dos cursos, aqueles que percebia terem gerado maior impacto transformador, e comentou: "Tudo isso convergiu no Dragon Dreaming. Tudo isso é Dragon Dreaming. E em 1988 ela descobriu a ecologia profunda e foi o ponto de virada para ela e para mim também. Todo o trabalho da ecologia profunda desembocou no Dragon Dreaming".

Então, fica claro que a busca pessoal de Vivienne, e sua pesquisa autodirigida, foi decisiva para a inclusão e desenvolvimento do princípio e dimensão de "crescimento pessoal" e da inclusão da ecologia profunda na metodologia e filosofia Dragon Dreaming.

• • •

Pelo que pude ouvir, pelas histórias, pelos registros, fotos, Vivienne era uma liderança agregadora. Ela gerava comunidade envolta dela. Então ela abriu sua casa, que era a Gaia House, com o apoio e suporte de John para a criação da Fundação, era uma visão mútua. John trabalhava para o governo australiano naquele momento e também captava dinheiro para a Fundação e Vivienne geria e criava os projetos dentro da ONG.

Minha percepção é que ela seria naturalmente uma grande sonhadora. Ou seja, o que John tem de planejador, Vivienne parecia ter de sonhadora, com um poder de agregar para a realização... e a vida a havia preparado para desenvolver habilidades de realizadora, fazendo as coisas acontecerem.

Digo isso porque pude ver de perto as oliveiras que Vivienne plantava de madrugada para que a vizinhança as deixasse crescer, porque pensavam que era uma ação do governo local. Conheci a casa com lago, onde ela incluiu as espécies de sapos em extinção.

Tive acesso ao livro da pesquisa com o qual Vivienne foi homenageada. Ela escrevia, era poetisa, fotografava e se colocava em experiência. Ela tinha habilidades criativas muito presentes em seu fazer a partir de um olhar e escuta sensíveis para a realidade. Era também uma buscadora de si mesma.

E é sabido que John é muito criativo, tem memória fotográfica, pinta bem, cria suas próprias fontes, iluminuras, desenhos e registros. Entretanto, suas habilidades estão dentro dos registros de um planejador, um sistematizador, um historiador, um documentarista.

> Tive acesso ao livro da pesquisa com o qual Vivienne foi homenageada. Ela escrevia, era poetisa, fotografava e se colocava em experiência.

John e Vivienne fazem parte de uma primeira geração de ambientalistas na Austrália, fundadores do Partido Verde, além de liderarem ações de ativismo e educação ambiental por todo o território nacional como A Pilgrimage Project.[24]

---

24 A Journey in Connectedness. A Pilgrimage Project: Around Australia in 55 days a photographic journey with entries from the communal Pilgrimage diaries. Edi-

A PÉROLA DO DRAGÃO

Foram importantes influenciadores de uma segunda geração mais nova, da qual Paul Pulé faz parte. Paul, por exemplo, chegou a alugar o quarto em que eu estava morando na Gaia House, vivendo com John e Vivienne durante sua graduação.

• • •

Segundo John, na parte de trás da casa havia um pomar e uma horta plantada por eles, onde colhiam para cozinhar durante oficinas... Gaia House era um ambiente educador de desenvolvimento de projetos para a grande virada!

Vivienne era o pulso contínuo desses projetos. Era uma ambientalista desde sempre e feminista também. Sua biblioteca pessoal tem esse olhar para a teoria e a prática dos fundamentos da ecologia e do feminismo, a presença da mulher na sociedade e nas relações com o outro, o meio ambiente e a sociedade.

E essa foi uma de minhas expansões de percepção do Dragon Dreaming.

A noção mais profunda de gerar comunidade também vem da contribuição de Vivienne. Ela ensinava a língua aborígine para as novas gerações de aborígines. Ela falava a língua nativa e conseguia conversar e conhecer a cultura de dentro. São essas características e percepções da lida cotidiana com a cultura aborígine australiana ocidental que vem também da experiência dela como educadora na base, no fundamento de Dragon Dreaming. Amplia, complementa e fundamenta ainda mais a metodologia e a filosofia Dragon Dreaming para mim, quando eu incluo, considero e compreendo a força

---

tado por Janet Ristic. Projeto realizado e livro lançado pela The Gaia Foundation em 2002, em conjunto e apoio à comunidade aborígine australiana, em 18.000 quilômetros rodados e uma série de ações ativistas e educativas ambientais contra a extração de urânio das terras australianas.

feminina e seu papel nessa construção. Ela foi uma pessoa fundamental para o Dragon Dreaming existir.

• • •

Mais tarde, em meados de 2006, um tempo depois que Vivienne morreu, John tirou férias e experimentou levar o Dragon Dreaming para fora da Austrália. Foi para os Estados Unidos e realizou quatro workshops. Viajou para a Inglaterra e, na sequência, para a Alemanha onde realizou mais um workshop. Quando retornou à Austrália, demitiu-se do emprego no governo australiano, onde havia trabalhado por 20 anos com desenvolvimento territorial local e comunidades aborígenes, e em seguida mudou-se para a Alemanha onde começou a ensinar Dragon Dreaming.

Foi na Alemanha em 2008, que conheceu Ita Gabert e foi ela que teve a visão de fazer a ponte entre John Croft e o Brasil.

CAMINHANDO PELAS INCERTEZAS
Aprendendo por meio das perguntas geradoras

A atenção é a fonte mais preciosa e pura de generosidade.
SIMONE WEIL

No curto, mas precioso, período que passei junto com John, compreendi seu encantamento com a ideia de que muitas vezes não é ter a resposta certa que importa, mas o que realmente importa é ter a pergunta certa, que devemos permanecer na pergunta, e isso nos conduzirá à resposta.

Ele contou que também era uma afirmação importante para Paulo Freire. São as perguntas que fazemos que criam novas possibilidades e as respostas que damos encerram a busca ou não. Se a pergunta for: "Quanto é um mais um? Assim que você disser dois, a conversa termina. Mas se você fizer perguntas, haverá a possibilidade de continuar, principalmente se você fizer perguntas que não podem ser respondidas com sim ou não".

Paulo Freire, em Conscientização, disse que o que ele queria era fazer perguntas que abrissem o sentido de vida das pessoas e o sentido do mundo, porque ele dizia que a verdadeira educação era extrair o sentido que as pessoas dão a si mesmas, a suas vidas e ao mundo. E por isso há um certo tipo de questão a ser feita, as perguntas geradoras.

Segundo Paulo Freire, a abordagem "bancária" das escolas tradicionais acontece quando a professora só faz uma pergunta que ela mesma sabe a resposta. E, então, a professora faz a pergunta e quando uma pessoa der a resposta certa, a professora dirá: "Sim! Isso mesmo", e é assim que se faz o depósito mental.

Paulo Freire perguntava:

"O que acontece quando a professora faz perguntas para as quais ela não sabe as respostas?"

Se ela fizer uma pergunta, mas não souber a resposta, então a própria pergunta se torna a porta ou a abertura para um diálogo, e se torna a porta ou a abertura de um diálogo entre iguais, porque a professora não sabe a resposta e talvez a pessoa a quem se fez a pergunta também não saiba. É através desse processo de diálogo que a realidade se constrói, com novidades para ambas as partes. E é dessa nova realidade que surge a possibilidade de mudança. E é dessa nova realidade que as pessoas escapam da cultura do silêncio.

De acordo com John, Paulo Freire dizia que nesse processo você deve escolher perguntas com poder emocional na vida da pessoa a quem se faz a pergunta. Tem que ser emocionalmente relevante e poderoso na vida dela. Então, o que você precisa fazer, se você quiser se engajar em um diálogo, em cocriação, é encontrar perguntas que sejam emocionalmente poderosas e compartilhá-las. É importante que a pessoa que faz a pergunta não saiba a resposta. Se quem fizer a pergunta já souber a resposta com antecedência, isso não irá empoderar a outra pessoa. Isso é, na verdade, tentar prever o que a outra pessoa vai dizer e, se você pode prever o que a outra pessoa vai dizer, então isso é controle, não é liberdade. A verdadeira liberdade vem quando você não pode prever qual será o resultado e Paulo Freire disse que educação é a prática da liberdade.

> "O que acontece quando a professora faz perguntas para as quais ela não sabe as respostas?"

A prática da liberdade é abrir mão do controle, pois são feitas perguntas das quais você não tem as respostas e delas surgirá a possibilidade. Depois que uma resposta é dada, vem a possibilidade de algo novo, que não poderia ter sido previsto antes e é por isso que aquelas questões de que fala Paulo Freire são geradoras, por isso fazem parte da conscientização, porque elas estão trazendo consciência para onde ela não existia.

• • •

Fran Peavey[25] desenvolveu o Strategic Questioning Manual, um questionário estratégico que é uma abordagem para o desenvolvimento comunicacional, criado e aprimorado durante as décadas de 1980 e 1990. Considerado uma tecnologia social para a investigação de ideias e estratégia de mudança, mostrou-se valioso em processos de campanha, consultas em grupos, entrevistas de trabalho, mapeamento de contextos, entre outros.

Ela realizou um trabalho interessante com questões geradoras ao redor do mundo. Em plena Guerra Fria, ela foi para a Rússia, e colocou uma mesa com cadeiras no meio do Kremlin, com chá e café sobre a mesa e duas cadeiras onde ao lado estava escrito em russo: "Eu sou americana e estou disposta a ouvir" e as pessoas vinham ler uma pergunta e aí se sentavam e ela oferecia: "Quer uma xícara de chá?" e alguém traduzia. Ela apenas escutava e lhes dava atenção sobre o que a pessoa dizia com base na pergunta feita. Também realizou essa experiência em Pequim e, na Índia, se envolveu em um projeto sobre o rio Ganges, que é muito poluído. Ela começou esse último projeto perguntando às pessoas: "O que você acha que o Ganges iria querer? O que

---

25   Fran Peavy (16 de agosto de 1941 – Idaho, EUA, 5 de outubro de 2010). Ativista Social e escritora de diversos livros como Heart politics (1986), Insight and Action: How to Discover and Support a Life of Integrity and Commitment to Change (1994, coautora).

você acha que o rio pode querer? Não o que você quer, mas o que o rio quer?" Esse é um bom exemplo de pergunta geradora.

Fran Peavey dizia que as pessoas podem ser treinadas para fazerem perguntas geradoras, o que é uma habilidade muito importante.

John contou que ela foi para a Austrália Ocidental, através da The Gaia Foundation australiana, e realizou um treinamento em questionamento estratégico e questões geradoras. Nessa experiência, ela encaminhou os participantes para os subúrbios, para os lugares ao redor de onde o workshop estava acontecendo e pediu que decidissem sobre qual assunto gostariam de falar, qual seria a questão geradora. O grupo decidiu que o assunto seria sobre os aborígenes.

John contou entusiasmado que descobriu algo quando fez esse exercício. Em primeiro lugar, o segredo para envolver as pessoas em perguntas geradoras é não estar procurando por uma resposta em particular, uma resposta específica. Você não deve tentar fazer as pessoas responderem de uma determinada maneira, você tem que estar aberto a tudo que aparecer.

Quando começaram a perguntar sobre os aborígenes, o que voltou foi o pior tipo de racismo que se pode imaginar: "os aborígenes são preguiçosos, ladrões e assaltantes sujos e..." Lembrando que o que você tenta fazer com as perguntas geradoras é não responder ao que a pessoa disse, mas fazer outra pergunta geradora e continuar fazendo mais perguntas. John percebeu que quando a pergunta é feita, elas ficam na defensiva.

— Por que você quer saber?

— Ah, porque eu estou fazendo um curso e estamos treinando essa forma de fazer perguntas e isso e aquilo.

— Ah... ok!

Quanto mais perguntas geradoras eram feitas, e elas tinham impacto na vida das pessoas que eram questionadas, mais elas se tornavam

CAMINHANDO PELAS INCERTEZAS

amigáveis e menos reativas do tipo "nós contra eles". Ao fazer mais perguntas, o racismo desaparecia.

No final, as pessoas começavam a dizer: "Eu odiaria ser aborígine. Este povo sofre demais!" Era uma mudança completa no que havia acontecido antes, bastava continuar buscando a questão que teria poder emocional, e assim acontecia a prática da liberdade, porque as pessoas se tornavam capazes de se libertar de seu condicionamento, de sua programação interna sobre isto ou aquilo.

> Quanto mais perguntas geradoras eram feitas, e elas tinham impacto na vida das pessoas que eram questionadas, mais elas se tornavam amigáveis e menos reativas do tipo "nós contra eles". Ao fazer mais perguntas, o racismo desaparecia.

PÉROLAS ANCESTRAIS
Aprender com a diversidade profunda

A cultura aborígine é uma cultura de mais de quarenta mil anos[26] e a mais antiga ainda viva hoje no planeta. E ela existe a partir de códigos, uma cosmologia, sobre uma compreensão da realidade e da vida muito própria.

E o que isso quer dizer? Que tudo o que eu vou dizer aqui é uma aproximação perceptiva e compreensão parcial do que de fato é a cultura aborígine.

O sonho nas culturas aborígines é a origem do mundo. Então, é a origem dessa própria cultura... e a forma como eles se relacionam socialmente, as regras, as leis, os princípios éticos, as crenças dessa sociedade, as tomadas de decisões, tudo tem origem nos sonhos.

Para eles, como acontece ao cérebro, parece não haver distinção entre percepção e ilusão, ou seja, estamos em um presente contínuo de sonhar, o que nos permite que o tempo mais próximo entre o sono e o despertar nos gere maior precisão e clarividência. O tempo mais próximo entre o silêncio e a escuta profunda nos gera mais informações sobre a realidade e o inconsciente coletivo.

Humberto R. Maturana[27] e Francisco J. Varela,[28] em A Árvore do Conhecimento – as bases biológicas da compreensão humana, de

---

26   Segundo o livro Australia Dreaming, 40,000 Years of Aboriginal History, de Jennifer Isaacs (1980). Em 2016, novas pesquisas mostraram indicativos de que os aborígenes australianos são o mais antigo povo vivo no planeta, com 60.000 anos ou mais.

27   Humberto Maturana (1928) médico e neurobiólogo chileno, crítico do realismo matemático e criador da teoria da autopoiese e da biologia do conhecer, junto a

A PÉROLA DO DRAGÃO

1984, descrevem a observação dos fenômenos, a estruturação, a auto-poiese, processos de aquisição de linguagem, os atos cognitivos e a consciência reflexiva para a compreensão humana, como um processo que gera critérios de validação da realidade a partir daquilo que somos estruturados a perceber. Somos seres sonhadores em um corpo humano.

Você consegue imaginar uma sociedade que toma decisões importantes, pessoais e coletivas a partir dos sonhos?

Waugl Dreaming para eles é a matriz da existência dessa cultura e dessa sociedade, não só os aborígines australianos, mas também para todos os povos nativos que têm essa similaridade: sonhar é um ato fundador e estruturante.[29]

• • •

Era meu segundo encontro com a comunidade aborígine, acompanhada de John, em um acampamento para a ocupação de uma área verde da cidade de Perth, em frente a uma das áreas urbanas que a comunidade estava reivindicando como território sagrado aborígine.

Propuseram um festival para que mais pessoas aderissem à causa com eles. Haveria um ritual, uma dança sagrada que fazia 60 anos que

---

Francisco Varela. É um dos propositores do pensamento sistêmico e do construtivismo radical. Fonte: Wikipédia, a enciclopédia livre.

28 Francisco J. Varela (1946-2001) biólogo e filósofo chileno. Escreveu sobre sistemas vivos e cognição: autonomia e modelos lógicos. Ph.D. em Biologia (Harvard, 1970), em 1979 escreveu Princípios de Autonomia Biológica, um dos textos básicos da autopoiese, teoria que desenvolveu com Humberto Maturana. Fonte: Wikipédia, a enciclopédia livre.

29 Em ampla pesquisa sobre a ciência e a história do sonho, narrada a partir de informações históricas, antropológicas, psicanalíticas e literárias, além das referências mais atualizadas da biologia molecular, da neurofisiologia e da medicina, pelo neurocientista e biólogo Sidarta Ribeiro, o livro "O Oráculo da Noite" foi publicado pela Companhia das Letras em 2019.

PÉROLAS ANCESTRAIS

não se realizava na cidade de Perth, e estávamos muito interessados em presenciar aquilo.

Também estava muito curiosa para ver como a comunidade se relacionava e estavam vivendo durante o enfrentamento pela causa.

Em uma área ainda próxima ao acampamento e próxima ao rio, todos fomos orientados a sentar em círculo, formando uma grande arena. No ponto leste do círculo, alinhado com a direção do nascer do sol, acenderam um incensário, que é uma fogueira com madeira e folhas de eucalipto, por onde toda a comunidade e as pessoas que estavam presentes passavam três vezes ao redor. Incensar-se é uma prática de abertura para limpeza energética e para que a conexão espiritual se dê sem barreiras, com fluxo.

Depois que isso aconteceu, todos se sentaram novamente em seus lugares no círculo. Aquele, que em nossa cultura originária seria o pajé, abre o ritual com falas de poder, um rezo. Participam do ritual homens e crianças que se pintam, tocam, cantam e dançam. As mulheres assistem. Do lado oposto de onde fica o incensário, há aquele que dá o ritmo com claves de madeira, voz e o didjeridu.[30]

Os primeiros a entrarem na arena são os homens e crianças da comunidade caminhando juntos por três vezes no sentido anti-horário, para abrir o campo do ritual. Na sequência entram os homens e as crianças imitando os cangurus. E eles vão pulando com as mãos sobre as cabeças imitando as orelhas, e então param muito atentos, e movem as orelhas, indicando uma escuta profunda e consciente para seu entorno.

· · ·

Como eu escuto a natureza?

Como eu, sendo parte da natureza, a escuto?

---

30   Instrumento de sopro dos aborígenes australianos.

Como eu escuto a natureza? Como eu, sendo parte da natureza, a escuto?

Esse é o Pinakarri. Na escuta profunda dos cangurus para a natureza, sendo e fazendo parte dela, encontramos um dos princípios fundamentais da metodologia Dragon Dreaming. Trata-se de uma escuta atenta a si mesmo e a tudo e todos a sua volta, incluindo todos os seres não-humanos também. Durante o estado de interiorização de Pinakarri, o momento seguinte é ação consciente. Prática de atenção plena, onde o diálogo torna-se uma dança sábia entre cada silêncio e cada voz.

Existe uma compreensão bem importante, que determina os critérios de validação da realidade, a percepção de que eu sou a natureza que escuto e a natureza é um ser que me escuta, ou seja, o planeta me ouve. Gaia me escuta, tanto quanto eu a ela.

Então, no momento em que eu pego nas mãos qualquer material, mesmo que eu o tenha transformado em objeto, ele continua sendo parte indissociável da natureza. Não tenho esse objeto em minhas mãos, ele é que me tem.

Essa consciência da hierarquia natural, de certa ordem e do lugar de tudo e de todos os seres, onde somos apenas e misteriosamente uma parte de um todo, coloca o limite ético de respeitar as leis da natureza e eliminar qualquer maldade ou ingenuidade de "poder sobre".

Também a consciência da integralidade e da integração é muito profunda e podemos compreender como essa percepção da realidade mudaria significativamente o paradigma vigente em nossa cultura atual.

• • •

Estávamos ali, assistindo ao ritual e, de repente, ouvimos tiros que eram de policiais... imediatamente o ritual parou e as crianças foram protegidas em uma tenda. Os homens líderes subiram ao palco onde seriam realizadas as apresentações do festival e um a um fizeram seus discursos de luta.

John e eu voltamos para casa silenciosos, sentindo muito.

. . .

Para compreender o contexto social dos aborígines australianos é importante falar de ativismo e política.

A Austrália é um país de tamanho continental, que em sua maioria territorial é desértica ou semiárida. Então, as principais cidades estão nas zonas litorâneas, onde também se encontram as principais fontes de água potável. Os aborígines, que eram um povo nômade e criavam circuitos, caminhos sazonais, faziam suas pausas onde havia água potável, que eram também terras sagradas para eles.

É sabido que no final do século XVIII, com a independência dos Estados Unidos, a Inglaterra precisou encontrar outro local para enviar o contingente de condenados presos e resolver a situação das prisões muito lotadas. Foi assim que a nova antiga-terra conquistada, a Austrália, passa a ser colonizada.

Quando os ingleses colonizaram a Austrália, diziam que a população aborígine era preguiçosa e que não queria trabalhar. Na verdade, a população nativa resistia a ser escravizada. Viram os europeus tomarem suas terras sagradas e cultiváveis, construindo presídios, prédios de governo e monumentos pela rainha da Inglaterra. Hoje eles são apenas 3% da população australiana.

Você pode imaginar o extermínio?

. . .

Os aborígines australianos sofrem segregação em seu próprio país. O que acontece é que hoje se tornaram extremamente políticos e politizados.

Então, quando estamos falando de ativismo aborígine, estamos falando de ativismo de resistência, que vai se dar também de forma ritualística, com todos os princípios que envolvem sua cultura, com os ritos, os cantos, a arte, e seu senso de comunidade.

Outra experiência com aquela comunidade foi uma ação de "marcar presença". Por conta de um embate judicial, estavam se reunindo periodicamente, na frente do portão principal de uma área que estavam defendendo de um empreendimento imobiliário, reivindicando direitos de terra nativa sagrada, e aguardando um fiscal representante do governo. Essa ação tinha convocatória participativa para a comunidade e rede ativista de Perth e região. No dia em que fomos, John e eu, havia uma liderança feminina acompanhada de cerca de dez pessoas. Sentamo-nos em círculo e alguém havia levado bolo. Praticamos o silêncio mais do que conversamos. Ficamos ali por três horas. Ninguém além de nós apareceu e fomos todos embora.

Essa qualidade da comunicação não-violenta, do ativismo não--violento, é muito presente na cultura aborígine, é uma política e um ativismo de resistência.

No caso de John e Vivienne, prefiro dizer que praticavam ativismo de ativação e de suporte a esse ativismo de resistência política do povo nativo, da cultura e das comunidades aborígines, apoiando as iniciativas e projetos que sustentavam os três princípios Dragon Dreaming: desenvolvimento pessoal, fortalecimento de comunidades e serviço ao planeta.

• • •

PÉROLAS ANCESTRAIS

John conta que os aborígenes tiveram grande influência no Dragon Dreaming.

Na universidade, havia uma organização chamada ABSchol (ABSchol for Aboriginal Scholarships – bolsas de estudo para aborígenes) que era coordenada por estudantes universitários para apoiar os aborígenes que estavam interessados em melhorar sua educação e possivelmente cursar o ensino superior. O presidente da ABSchol era um homem aborígine, o primeiro de origem nativa a ingressar na faculdade na Austrália Ocidental. Seu nome era Viv Fox. Mas, por questões pessoais, não pôde continuar na universidade. Como eles precisavam de um presidente para a ABSchol, John acabou se tornando a pessoa a ocupar essa posição.

• • •

Em uma das histórias que ouvi, quando os europeus chegaram à Austrália e tomaram a terra, havia aborígenes que viviam nas terras tomadas que passaram a fazer parte da grande fazenda. Os europeus fazendeiros empregavam esses aborígenes para trabalharem com bois e ovelhas. Os aborígenes eram grandes cavaleiros e podiam realmente trabalhar bem com cavalos, mas eles não recebiam quase nada por seu trabalho e em 1946 um grupo deles organizou uma greve, que durou até 1973. Para se sustentarem durante o período, eles mudavam de casa, de terreno, tinham caminhões abastecidos e viajavam para encontrar minerais, que eles retiravam, coletavam e vendiam, e com eles sustentavam a comunidade. As crianças dessas localidades iam para a escola e eram ensinadas por europeus que diziam: "não dê ouvidos a suas mães e pais, eles são apenas pessoas primitivas da idade da pedra", e falavam que iam ensinar as crianças a quebrarem várias leis indígenas. Era isso que se ensinava na escola e as crianças voltavam para casa e diziam às mães e aos pais: "Minha professora disse que não precisamos ouvir você." E o que os aborígenes fizeram? Tiraram todas as crianças da escola e as

A PÉROLA DO DRAGÃO

impediram de voltar lá. E aí, a polícia foi e prendeu mães e pais por impedirem as crianças de irem à escola.

Os aborígenes ouviram sobre a ABSchol e disseram: "queremos aprender o que nossas crianças estão aprendendo para ver se vale a pena mandá-las para a escola." Assim, eles entraram em contato com a AbSchol e John organizou para que crianças e estudantes universitários fossem para o deserto encontrar as famílias. Lá seria ensinado o que suas crianças estavam aprendendo na escola. Esta foi a primeira experiência com educação de adultos que John teve... A primeira!

À noite, os estudantes universitários, que davam aula para a comunidade, iam ao deserto, e a única luz era a dos caminhões.

> À noite, os estudantes universitários, que davam aula para a comunidade, iam ao deserto, e a única luz era a dos caminhões.

Assim, com pequenas aulas, eles ensinavam esse povo aborígine a ler e escrever. John conta que isso causou grande impacto nele. Apenas recentemente ele descobriu que alguns dos aborígenes desses encontros foram os últimos a serem descobertos vivendo à maneira tradicional. Isso aconteceu em 1969 e eles foram encontrados em 1965. Fazia apenas quatro anos que eles usavam roupas. Antes dessa época, todos viviam nus no deserto. John descobriu isso porque fizeram um filme[31] sobre o primeiro contato e algumas das pessoas com quem tinha trabalhado apareciam nele.

● ● ●

---

31   Contact é um documentário australiano de 2009 que conta a história de 20 pessoas de Martu que em 1964 se tornaram as últimas no deserto de Sandy a entrar

PÉROLAS ANCESTRAIS

"Enquanto nossa cultura se especializou em tecnologia, armas e matar uns aos outros, e construir bombas cada vez maiores, a cultura aborígine não foi nessa direção. Eles entraram em uma compreensão espiritual da terra. Que incrível!"
JOHN CROFT

Essa é a diferença que John sempre percebeu sobre as duas culturas em que estava mergulhado, mas isso era bem diferente do que os europeus pensavam quando chegaram à Austrália. Eles diziam que os povos aborígenes eram primitivos, gente da idade da pedra. Que usavam ferramentas de pedra enquanto eles eram modernos, tinham civilizações, leitura e escrita, cidades... Para os europeus, os aborígenes não eram donos de suas terras, eles apenas vagavam por elas, como desterritorializados. Esse pensamento contrastava muito com o que John havia estudado na universidade: "Ei, olha! Estas pessoas são modernas, tanto quanto nós, mas sua cultura evoluiu em uma direção diferente".

· · ·

John sabia que a cultura aborígene era baseada no conceito de sonho, que todos têm um elo com a terra de uma forma muito, muito especial e que cada pessoa é responsável por cuidar dela. A forma como cuidavam da terra era através da contação de histórias e estas eram a base fundamental da cultura aborígine, da educação dos povos originários.

As crianças não eram enviadas à escola para aprender as histórias: as crianças as aprendiam participando da própria cultura. E não eram apenas histórias, mas canções, espaços de ludicidade. Havia danças também. Entre as histórias, havia aquelas sobre toda a Criação, toda

---

em contato com os europeus. Direção: Martin Butler, Bentley Dean. Prêmios: AACTA Melhor Documentário. Indicações: AACTA Award for Best Editing in a Documentary, AACTA Award for Best Direction in a Documentary.

A PÉROLA DO DRAGÃO

a origem do campo, das árvores e dos pássaros, e tudo tinha um lugar. Os povos aborígenes não acreditavam que um animal tivesse um nome que os humanos tinham dado a ele. Claro que eles não falavam que Adão e Eva vieram e deram os nomes a todos os animais como os católicos ingleses contavam. Eles afirmavam que cada animal e cada planta já tinha um nome e que nós, humanos, não entendemos o nome que cada planta ou animal se dá. O que devemos fazer é descobrir como a planta chama a si mesma e esse é o nome verdadeiro. Foi uma cultura que provou que tudo ao nosso redor é o contrário do que acreditamos e ao invés de dizer que os humanos são separados do meio ambiente, eles diziam que os humanos são uma parte indissociável dele. Que o que fazemos a nós mesmos, estamos fazendo ao mundo e o que fazemos ao mundo, estamos fazendo a nós mesmos.

Foi exatamente a mesma relação que John descobriu na educação não-formal e sistematizou em DD: a relação que o indivíduo e o ambiente, a teoria e a prática têm, é indissociável.

• • •

Descobriu-se que a cultura aborígene tem mais de 60.000 anos e eles têm memórias que remontam àquela época. Essa foi uma cultura construída em torno dessa memória e uma compreensão de território-ilha, que não olha para os territórios como nós. Cada país, por exemplo, o Brasil, tem suas fronteiras. Há uma fronteira ao redor da Argentina e há uma fronteira ao redor do Chile e de tribos na África ou na América do sul. Existem fronteiras e isso incentiva a guerra, porque somos nós contra eles. Essa divisão entre nós e eles gera conflito. John explica:

A cultura aborígine não funciona dessa forma, não se baseia em territórios ou em nós contra eles. Funciona em versos musicais e os versos das canções são falas, não territórios. O verso é a linha na história e essa linha conecta as pessoas, ao invés de separá-las. E assim não encontramos na Austrália o mesmo tipo de guerra que foi praticada em qualquer outro lugar do mundo. Quanto mais estudo a cultura aborígine, mais percebo que ela se baseia na comunhão, não no nós contra eles, não na dualidade; e essa base de não-dualidade se tornou uma parte muito importante no Dragon Dreaming. Não sou eu contra o meio ambiente, não é a teoria contra a prática, é sobre como os integramos e essa é a base do Dragon Dreaming. Mas também é a base da compreensão aborígene da cultura.

$$\bullet \ \bullet \ \bullet$$

Outro ponto que inspirou o Dragon Dreaming como conhecemos hoje foi o fato de na cultura aborígene não existir uma palavra para trabalho. Eles têm uma maneira lúdica de se relacionar com isso e sempre celebram. Tudo é uma cerimônia, tudo é festa, tudo tem uma história anexada, tudo faz parte e está integrado, não separado.

John utilizou o estudo de línguas para exemplificar esta não-separatividade dos aborígenes. Ele diz que, quando estudamos línguas, descobrimos que em muitas delas existe claramente uma separação entre o sujeito e o objeto, mas essa separação não é evidente da mesma forma na cultura aborígine. Por exemplo: "Eu tenho este copo." Nós, em nossa língua, usamos os verbos auxiliares ter e ser. Agora, assim que você usa a palavra ter, isso implica propriedade, significa controle. Eu tenho controle sobre este copo que é meu, eu o tenho. A língua aborígine não tem o verbo "ter". E eles não fazem essa distinção. Por exemplo, quando dizemos: "Isto é um copo", nós temos o verbo ser. "Isto é uma xícara, não é um par de óculos." Assim, fazemos uma separação clara entre os objetos, como se nisso estivesse a essência de ser de uma xícara. Na língua aborígine, não funciona assim. Não tem o verbo ser, não há palavra para "é" na língua Aborígene. Então, o que eles dizem? Eles dizem: "Nidja xícara." Não existe uma palavra aborígine para copo, mas "nidja"[32] significa "isto" ou "esta/este". Eles não dizem "isto é um copo", eles apenas dizem "isto copo". Deste modo, eles têm a visão de que "isto" é temporariamente uma xícara. É apenas uma xícara por um curto período de tempo e, se a movermos no ar, passará a ser outra coisa.

John utilizou o estudo de línguas para exemplificar esta não-separatividade dos aborígenes.

Isso cria um conceito diferente de poder. Nosso conceito de poder por meio de "é" e "ter" é poder-sobre algo. "Eu tenho controle sobre esta xícara, portanto, ela é inferior a mim. Eu sou poderoso. Esta xícara não é poderosa." Portanto, é um poder hierárquico sobre algo, é um jogo ganha-perde. Mas, para os aborígenes, eu não tenho poder sobre uma xícara. Quando eu a pego, trago-a até minha boca e bebo o líquido que contém, ela pode fazer coisas comigo que ela não faria sozinha, e eu posso fazer coisas com ela que não poderia fazer sozinha. Então, ela e eu temos poder juntas. É um relacionamento de poder-com, não é um relacionamento de poder-sobre. É assim que a realidade funciona. Não é que eu tenha poder-sobre o meio ambiente. Não é que o meio ambiente tenha poder-sobre mim. O meio ambiente e eu temos poder-juntos. O meio ambiente pode fazer coisas comigo que não poderia fazer sozinho e eu posso fazer coisas com ele. Então, nós cocriamos, criamos uns com os outros. Eu crio o ambiente e o ambiente está me criando. É como duas cabeças, uma criando a outra o tempo todo. Essa é a visão aborígine que está embutida na linguagem e, por causa disso, a linguagem, que

---

32 De acordo com o Dicionário Noongar (Noongar Dictionary de Rose Whitehurst, 1997), nidja significa aqui, esta, este, isto, onde e o que.

PÉROLAS ANCESTRAIS

é automaticamente ganha-ganha, faz com que a xícara ganhe para ser útil e nós ganhamos para podermos usufruir da xícara. Se destruirmos a xícara, ela não será mais útil, então essa xícara e eu temos poder-juntos. Essa é a visão aborígine da realidade.

John sustenta:

> Eu honestamente acredito que se quisermos ter uma cultura sustentável neste planeta nos próximos 200 anos, temos que construir uma cultura baseada em ganha-ganha, uma cultura baseada em podermos vencer ao mesmo tempo que o meio ambiente possa vencer. Se construirmos uma cultura onde o meio ambiente perde e nós ganhamos, então essa é uma cultura que está se autodestruindo e, de alguma forma, desse ponto de vista, talvez a cultura aborígene seja superior à nossa. Talvez em alguns aspectos – e não estou dizendo em todos os aspectos –, nesta cultura de ganha-ganha-ganha, sejamos nós os primitivos e os aborígenes, com 60.000 anos de aperfeiçoamento deste sistema, representem o que nós precisamos nos tornar. Essa é uma das razões pelas quais a cultura aborígine está, de alguma forma, inserida no Dragon Dreaming, porque ela nos dá esperança. Se eles puderam construir uma civilização e cultura que perduram há 60.000 anos de forma sustentável, sem causarem danos ao meio ambiente, talvez haja esperança de que possamos fazer isso também.

PÉROLA NAS ÁGUAS
Aprendendo com as emoções

Desta escuridão, um novo mundo pode surgir, não para ser construído por nossas mentes, mas para emergir dos nossos sonhos. Mesmo que não possamos ver claramente como tudo vai acabar, ainda somos chamados a deixar o futuro entrar em nossa imaginação. Nunca seremos capazes de construir o que não apreciamos primeiro nos nossos corações.
JOANNA MACY

Enquanto ouvia John relembrar seu significativo encontro com Paulo Freire e observava seus olhos brilharem com essa memória, comecei a me perguntar sobre o papel das emoções na aprendizagem ao refletir e questionar a realidade como se apresenta. A conexão entre o que pensamos, sentimos, falamos e fazemos, que é gerador de significado da realidade e tudo que nos acontece, se dá primordialmente pelo nexo afetivo inerente ao ser humano.

Procuro uma forma de gerar mais fluidez nessa integração pessoal e nas relações. Potencializar a criatividade é um bom exemplo do resultado causado por esse fluxo, pois quanto mais se vivencia e se aprende, se ganha experiência e se vive a vida em sua fluidez, mais se ampliam as oportunidades de integração e integridade consigo mesmo para viver relações mais plenas. Lidar bem com o emocional é uma forma de cura importante. Contudo, em todo o sistema e em cada um de nós, as emoções são o mais difícil de acurar.

Perguntei a John qual a referência dele sobre isso. Ele contou que a compreensão que tem sobre as relações vêm da ecologia profunda

A PÉROLA DO DRAGÃO

e do Trabalho Que Reconecta (TQR), desenvolvido por Joanna Macy.[33] Então, ele contou uma história:

> Joanna estava morando em San Francisco e seu filho Jack[34] era um homem incrível. Eu não o conheci, mas ele era o encarregado por todo o lixo de São Francisco e fez da cidade a que produz menos lixo por pessoa nos Estados Unidos Esse é o filho dela! Ele era estudante e estavam construindo nos EUA um reator nuclear no topo da falha de San Andreas. Entretanto, a falha se moveu em 1902[35] e o

---

33 Joanna Rogers Macy (nascida em 2 de maio de 1929) é uma ativista ambiental, autora, estudiosa do budismo, teoria geral dos sistemas e ecologia profunda. Ela é autora de oito livros. Entre eles, dois foram traduzidos para o português: Macy, Joanna; Young Brown, Molly (1998). Voltando à vida: práticas para reconectar nossas vidas, nosso mundo. Editores da Nova Sociedade. ISBN 0-86571-391-Xe. Macy, Joanna; Johnstone, Chris (2012). Esperança Ativa: como encarar o caos em que vivemos sem enlouquecer. Biblioteca do Novo Mundo. ISBN 978-1-57731-972-6, publicado no Brasil pela Bambual Editora.

34 Jack Macy é Coordenador Sênior de Resíduos Zero da Cidade e Condado de São Francisco, Departamento de Meio Ambiente. Ele tem mais de 30 anos de experiência no desenvolvimento e gerenciamento de compostagem inovadora e modelo, reciclagem e outros programas e políticas de desperdício zero em nível local e estadual. Ele liderou o desenvolvimento do primeiro programa de compostagem urbana de alimentos em grande escala nos Estados Unidos e foi pioneiro em políticas e implementação de zero resíduo em São Francisco, incluindo compostagem obrigatória e separação de reciclagem, banimento da espuma de poliestireno, exigindo produtos compostáveis e recicláveis, proibição de sacolas plásticas descartáveis e cobrança de sacola. Ele fez apresentações em todo o mundo e ajudou uma ampla variedade de jurisdições e organizações na busca pelo desperdício zero. Ele também atua no California Organics Recycling Council do CRRA. Fonte: Wikipédia, a enciclopédia livre.

35 Em 1906, a Califórnia sofreu um terremoto de magnitude de 7,8 na escala Richter devastar grande parte da cidade de São Francisco, deixando mais de 3 mil mortos, quando a parte central da falha se rompeu. Fonte: https://www.bbc.com/portuguese/internacional-48894615.

terremoto destruiu a cidade de São Francisco. O governo norte-americano estava construindo um reator bem em cima da falha! Então, se houvesse um terremoto, metade do reator iria para uma direção e a outra metade iria em outra direção, como uma explosão. Esse reator é exatamente o mesmo reator de Fukushima, no Japão. Existe uma grande campanha que vem acontecendo há anos nos Estados Unidos para desligar este reator e pará-lo, porque é uma loucura tê-lo. É um acidente esperando a hora de acontecer e o filho de Joanna, Jack, estava envolvido na campanha e pediu a ela:

– Joanna, por favor, venha e nos ajude com esta campanha.

Ao que ela respondeu:

– Só irei ajudá-lo se eu entender sobre a indústria nuclear, se eu entender sobre tudo o que está acontecendo.

Em seguida, Joanna tirou seis meses de férias e leu tudo o que pôde encontrar sobre a indústria nuclear, sobre a mineração de urânio, sobre para que o urânio era usado, sobre a fabricação de bombas atômicas, sobre a fabricação de reatores, sobre a energia que vem dos reatores, sobre os empregos que ele gera e sobre tudo que ela podia ler. Quanto mais lia, mais se via explodindo em lágrimas! Ela chorava pelo fato de o urânio ser extraído perto da tribo indígena Shoshone e toda tribo estava sofrendo de câncer, devido à mineração do urânio, que só seria usado com o lixo gerado pelo reator nuclear. O único uso conhecido é para a construção de bombas atômicas. É a única maneira de usar o lixo! Construir bombas! Ela estudava e estudava e chorava... chorava muito... acho até que estava enlouquecendo lendo essas coisas. E falou:

– Como eles podem fazer isso? Como?

Ela descobriu que à medida que compartilhava isso com seu núcleo de amigos e familiares, estas pessoas apresentavam a mesma reação que ela estava tendo. Elas começaram a sentir a dor e como resultado de sentir a dor, falavam:

– Não! Ninguém vai fazer isso!

Joanna descobriu que sentir a dor era uma inspiração para se tornar atuante, que criava uma motivação e então criou um tipo de trabalho que ela chamou de Trabalho do Desespero e Empoderamento.

O que aconteceu era que as pessoas que estavam construindo o reator, as empresas, o governo, diziam:

– Olha, não devemos nos emocionar com isso, sabe? Você está muito emotiva, Joanna. O fato de você estar chorando... Você está sendo emocional. Sabe, querida? Você precisa superar suas emoções.

Joanna percebeu que as emoções estavam nos dando acesso a informações internas que não podemos obter de outra maneira. Não podemos obter isto de forma racional: tínhamos que sentir. Por exemplo, suprimindo a emoção, as pessoas foram capazes de construir 25 mil bombas atômicas... 25.000!

Generosamente, John Croft continuou seu relato.

Agora, vou te mostrar uma coisa. Eu fiz uma pesquisa neste atlas e estes aqui são todos os nomes que estão escritos nele. Não há 25 mil nomes nele, ou seja, temos mais bombas atômicas do que nomes no globo terrestre. Estamos 'locos'! Podemos jogar uma bomba atômica em cada lugar deste atlas e ainda haveria bombas atômicas sobrando. Isso me deixa com raiva! Isso me deixa triste... me deixa com medo. O que Joanna diz é que temos essas emoções porque só obtemos o poder por estarmos cientes dessas emoções. Levamos 150 milhões de anos para desenvolver essa capacidade de seres humanos. 150 milhões de anos para desenvolver a capacidade de sentir as emoções e hoje vivemos em uma cultura que nos diz que não devemos ser

PÉROLA NAS ÁGUAS

emocionais. Vivemos em uma cultura que diz que não devemos sentir essa dor, não devemos sentir raiva:

– Pare de ficar com raiva! Pare de ter medo! Pare! Desligue!

O que Joanna me mostrou foi que temos a capacidade de sentir essas emoções e se desligamos essa capacidade emocional, não desligamos apenas as emoções negativas, desligamos as positivas ao mesmo tempo. Não se pode desligar a metade sem desligar todas as demais. O grau em que você fecha sua capacidade emocional, você fecha sua capacidade de sentir entusiasmo, você fecha sua capacidade de sentir alegria, você fecha sua capacidade de amar. E é isso que estamos fazendo. O grau em que somos capazes de recuperar aquelas emoções que chamamos de negativas nos libera para recuperar as emoções positivas ao mesmo tempo. Você quer sentir entusiasmo, entre em contato com sua raiva, entre em contato com sua tristeza, entre em contato com seu medo, entre em contato com sua alegria. Eles são portas para a ação.

Precisamos de nossas mentes, sabe? Joanna teve que estudar tudo o que pôde encontrar. Ela precisou de sua intelectualidade para poder estudar e aprender tudo sobre a indústria nuclear, mas precisou entrar em contato com suas emoções. Então, da cabeça ao coração e daí às mãos, ela foi capaz de se envolver e fazer. E é assim que funciona. Cabeça, coração e mãos integrados.

Algum tempo depois, Joanna foi para New South Wales, um estado na costa leste australiana, e lá conheceu John Seed.[36] Ele é um

---

36 John Seed é fundador e diretor do Rainforest Information Centre na Austrália. Desde 1979, ele está envolvido em ações diretas que resultaram na proteção das florestas tropicais australianas. Com Joanna Macy, Pat Fleming e o professor Arne Naess, ele escreveu "Pensando como uma montanha – Rumo a um conselho de todos os seres" (Editores da Nova Sociedade), que foi traduzido para 12 idiomas. Em 1995, foi premiado com a Medalha da Ordem da Austrália (OAM) pelo governo australiano por serviços para a conservação e o meio ambiente. Ele é um Fellow da Findhorn Foundation e ocasionalmente Scholar-in-Residence

ecologista profundo e Joanna estava caminhando pela floresta com ele porque estava ocorrendo uma grande campanha lá, onde eles salvaram a floresta de ser destruída. As manifestações aconteceram entre as escavadeiras e os reboques, onde as pessoas colocaram seus corpos no caminho das máquinas e recusaram-se a sair. Foi algo realmente muito difícil e John se afastou do protesto, pois já tinha muita gente lá, e ele estava cansado e entrou na floresta, nessa bela floresta, floresta natural, nativa, e ali na mata onde estavam aquelas velhas árvores, John se enterrou nas folhas. Ele pegou todas as folhas no chão e ficou deitado lá e percebeu uma coisa. Ele não estava tentando salvar a floresta. O que ele percebeu foi que a floresta o estava usando para se salvar. Ele era uma parte da floresta, que só havia emergido nessa época da vida. O que estava acontecendo era que a floresta o estava usando para se salvar e John compartilhou isso com Joanna. Então, ela percebeu:

– Sim! É através das emoções que o mundo está nos chamando para nos envolvermos... para nos engajarmos.

Na medida em que nós cortamos esse envolvimento emocional, deixamos de ouvir a Terra nos chamando, porque é através de nossas emoções que passamos a sentir a dor que a Terra está sentindo. O grau em que somos capazes de sentir essa dor nos libertará para nos engajarmos na Terra, para fazer a diferença.

E aí, Joanna falou:

– Ok, se isso é verdade, o que é o luto? Quando você sente as lágrimas, o que é a tristeza?

Você sofre por coisas de valor que você perde. A dor é a imagem refletida do amor. Se você não amasse o mundo, você não sentiria essa

---

no Esalen Institute. É um bardo, compositor e cineasta talentoso, e já produziu 5 álbuns de canções ambientais e vários filmes. Realiza formações em ecologia profunda e participa de conselhos de todos os seres em todo o mundo. Fonte: www.johnseed.net.

dor, você não derrubaria essas lágrimas. O amor tem que existir primeiro para você sentir as lágrimas, para você sentir a dor, porque se o amor não estiver presente, você não sente. Portanto, a medida de sua tristeza é uma medida de seu amor. O medo que você tem, quando o sente, quando sente receio, é a fonte da coragem. Se você não tiver medo, se não conseguir sentir medo, não terá coragem, porque coragem é conhecer o medo e ser capaz de seguir de qualquer maneira. Por isso, ter medo e resistir a esse medo e ainda assim fazer o que é preciso é a verdadeira coragem. Coragem vem da palavra francesa coer, coração. Coragem: ficar ao lado de seu coração e sentir o medo e não deixar o medo paralisá-lo. Não permitir que esse medo o impeça de fazer o que precisa ser feito. Quanto mais você puder sentir o medo e agir, mais corajoso você será. Por isso o medo é realmente coragem. Mas, o que é a raiva? Joanna diz que a raiva surge como resultado de uma sensação de violação. Você fica com raiva quando as coisas são injustas e desiguais. É da violação que vem a raiva. O que é raiva? A raiva é a paixão para mudar as coisas. Você quer que a violação pare e é por isso que está com raiva. A raiva é a paixão pela justiça neste mundo e à medida em que somos realmente capazes de sentir a raiva, sem descarregá-la em outra pessoa, sem usá-la para violência, mas, ao invés disso, ser capaz de sentir a raiva e segurá-la, até limpá-la, a usaremos de uma forma construtiva e não destrutiva. Todas essas emoções e o grau em que se pode sentir a dor, a tristeza, a perda, o medo, e se assustar, e se zangar, e ficar furioso com tudo isso, faz com que você descubra a alegria, o amor, a coragem, e você descobre também a paixão pela vida. Você precisa se libertar para fazer a diferença no mundo.

Emocionada, encerramos a conversa. Agradeci a John por seu tempo e sabedoria, celebrando sua generosidade e afeto. E agradeci ao Universo pela oportunidade de entrar em contato com tamanha sabedoria.

RECONEXÃO E A VISÃO DO FUTURO QUE QUER EMERGIR
Aprender em encontros intencionais e coaprendizagem

Quando a busca do herói for cumprida, através da penetração na fonte, ou através da graça de algum homem ou mulher, humano ou animal, ou personificação, o aventureiro ainda deve retornar com troféu de vida-transmutada. Para completar a roda, a norma do mito-pessoal exige que o herói deve agora começar o trabalho de trazer as runas da sabedoria (...) de volta ao reino da humanidade, onde a bênção pode repercutir na renovação da comunidade, a nação, o planeta ou os dez mil mundos.
JOSEPH CAMPBELL

Onde não há visão, o povo perece.
PROFETA HEBREU

John e eu fizemos uma viagem de um dia inteiro de carro, até Demarck, cidade ao sul da Austrália Ocidental. No caminho, pude conhecer um pouco mais da cultura australiana daquela região.

Algumas cidades onde John desenvolveu projetos junto à The Australia Gaia Foundation, como é o caso da cidade das 5.000 rosas, plantadas em mutirão. Essa ação permitiu a valorização da cidadezinha e o crescimento da economia local com turismo comunitário rural.

John estava indo para uma reunião importante do projeto de Cohousing Ecológico, para onde a biblioteca da Gaia House foi transferida, com um grupo de antigos amigos que compartilham o desejo de viver comunitariamente, em uma charmosa cidadezinha bem perto das "Florestas dos Gigantes" e de uma costa paradisíaca, um dos pontos na Austrália mais próximos da Antártica e porto seguro estratégico em épocas de crise climática. Hoje entendo melhor a Austrália Ocidental.

Viajar é sem dúvida ir ao encontro e, também, uma das maneiras mais espetaculares de aprender...

Aquele carro virou uma sala de aula nômade, na ida e na volta!

Viajar é sem dúvida ir ao encontro e, também, uma das maneiras mais espetaculares de aprender...

John partiu em turnê, cerca de um mês antes de meu retorno ao Brasil. Continuei morando na Gaia House e preparando todos os fechamentos dela, inclusive auxiliando a imobiliária para sua venda. Devolvi livros de John à Biblioteca. Tirei uma cópia do Manual Dragon Dreaming para mim e fiz um levantamento bibliográfico. Descongelei a geladeira...

• • •

Iria haver uma Walkatjurra Walkabout, que é uma peregrinação, uma celebração do povo Wangkatja, um testemunho da força da comunidade aborígine que lutou para parar a mineração de urânio em Yeelirrie por mais de 40 anos, na luta antinuclear. Naquele ano, a peregrinação seria ao longo do rio Karlamilyi em direção ao deserto. John me disse que esse é o povo de onde Pinakarri vem. Infelizmente, naquele momento, não tinha dinheiro e nem tempo suficiente, porque me exigiria ficar mais dois meses na Austrália.

Entendi que as poucas, mas significativas, incursões junto às comunidades tradicionais locais de aborígines e também a convivência cotidiana com aqueles descendentes que já haviam aderido à vida urbana contemporânea australiana seriam o mais próximo do que poderia ser a convivência com aquela cultura.

Contudo, uma consciência adquirida nesse período sabático, principalmente porque me foi corporalmente percebida, está no fato de que a ancestralidade está, antes de tudo, no ambiente, nas camadas de história e decomposição acumuladas nesse solo que nos sustenta incondicionalmente.

Compreendi que não há nada mais ancestral no mundo do que os antigos ambientes com toda uma vida selvagem acontecendo naturalmente. Então, no pouco tempo que me restava na Austrália, a maneira mais genuína de experimentar a cultura ancestral daquele país estava em conhecer e vivenciar a natureza sagrada: um santuário não muito distante de Perth em direção ao deserto, a Floresta de Kokoro, uma região ainda bastante intocada porque foi demarcada como área de preservação ambiental.

Por indicação de Paul Pulé, amigo apresentado por John Croft, fui abrindo as portas dessa experiência inesquecível e uma das mais fortes que já vivi, a Vision Fast.

A prática da Vision Fast que em uma tradução possível seria "visão pelo jejum" praticado em todas as comunidades nativas, sabidamente pelos povos americanos do Norte e do Sul, mas também por algumas tribos aborígines da Oceania, consiste em momentos importantes de tomada de decisão ou ritos de passagem. No meu caso, significou o marco de um rito de passagem.

> ... a ancestralidade está, antes de tudo, no ambiente, nas camadas de história e decomposição acumuladas nesse solo que nos sustenta incondicionalmente.

A PÉROLA DO DRAGÃO

Dez dias de fortíssimo processo em uma situação inóspita, "seguramente fora do controle" como dizemos em Dragon Dreaming.

Como preparação, passei por uma entrevista seletiva, depois fui orientada a criar uma mochila de primeiros socorros e realizar um dia de caminhada sozinha em alguma uma região desconhecida por mim, de preferência fora da cidade. Recebi orientações de como me preparar e quais os equipamentos que precisaria ter e a cópia do guia A Vision Fast Handbook for Adults publicado pelo programa Beyond The Threshold – AU, em uma edição adaptada para o contexto australiano do livro The Trail to the Sacred Mountain: A Vision Quest Handbook for Adults, escrito por Steven Foster e Meredith Little em 1984, fundadores da School of Lost Borders.[37] Também assinei um documento de responsabilidade com ciência dos riscos e assumindo a decisão. Estava sendo aceita a integrar uma comunidade, uma escola de conhecimentos preciosos dedicada há mais de 50 anos aos estudos e orientações em ritos de passagem de povos originários.

Steven Forest, escreveu sobre a School Of Lost Borders:

> Começamos muito tempo atrás, nos dias em que a revolução estava no ar, quando o rock and rool se enchia de protestos e os jovens enfiavam flores nos canos das armas dos Guardas Nacionais. Mesmo assim, a resposta para o dilema da cultura era clara: a verdadeira revolução nunca aconteceria até que as crianças se lembrassem do caminho para chegar à idade adulta – e os adultos à verdadeira

---

37 A School of Lost Borders oferece jejuns de visão e treinamento em ritos de passagem desde a década de 1970. Tem como missão cultivar a autoconfiança, a responsabilidade e a compreensão sobre o lugar único de cada um na sociedade e no mundo natural. Seus programas fornecem aprendizagens guiadas, perspectivas, ensinamentos e tempo de autorreflexão em ambientes desafiadores como o deserto. https://schooloflostborders.org.

velhice – e os mais velhos à morte honrosa. E nada disso aconteceria a menos que Eu aprenda a antiga arte de dar à luz a Mim mesmo e, por definição, a outros de minha espécie, por meio de ritos de passagem na natureza selvagem, na nossa verdadeira Mãe, em casa.

• • •

Éramos um grupo pequeno de oito pessoas. Quatro vivenciariam o processo vision fast pela primeira vez e quatro estavam na equipe de sustentação. Normalmente, são criados grupos de afinidades como grupo de homens, grupo de mulheres, grupo de jovens, mas nesse caso abriu-se um pequeno grupo muito diverso. Os australianos Andrew Hazar, Ittai Cohen e Elliot, um jovem que havia acabado de completar 18 anos, e eu, única mulher entre os novatos.

As outras quatro pessoas eram quem sustentavam e cuidavam do campo sistêmico, subjetivo e operacional. Glenis Taylor e Reijer Groenveld, os guias que nos orientavam, além de possuírem vários processos vivenciados e conduzidos, haviam recebido treinamento na School of Lost Borders com os pioneiros desse programa para tal tipo de guiança. Reijer também conhecia muito da cultura aborígine por convivência e sempre que tinha oportunidade nos presenteava com a visão aborígine australiana sobre os assuntos; e Karen Marsh e Gavin Marsh, um casal interessantíssimo: ela enfermeira e ele médico. Um grupo preparadíssimo, experiente e espiritualizado que sabia integrar belamente os conhecimentos das culturas nativas, a sabedoria ancestral e as necessidades de cuidado na lida com o ambiente silvestre australiano.

• • •

O processo se realizou em quatro grandes etapas: caminhadas intencionais; treinamento de sobrevivência; acampamento solitário na floresta; e a incorporação ou retorno à comunidade.

A PÉROLA DO DRAGÃO

Pela manhã e ao pôr do sol, enquanto estávamos juntos, nos reuníamos em conselho, sentados em círculo ao redor de um centro comum que se tornou um lugar coletivamente significativo, onde tudo que era colocado, dito ou manifestado tinha a história compartilhada com os outros em cumplicidade; e mesmo quando o silêncio se dava, intuíamos o outro em escuta empática e confiança.

Havia respeito e admiração mútuos que cresciam a cada dia.

Nos conselhos da manhã, partilhávamos sonhos, aprendizados, reflexões e intuições. Também recebíamos ensinamentos de tradição oral sobre a roda ancestral nativa das direções e sobre aquela direção que percorreríamos naquele dia, orientações sempre sábias sobre o futuro que iria emergir.

Então, saímos em caminhada intencional e solitária, ao encontro daquele ambiente, que para mim brasileira era ainda mais inóspito, mas não menos belo. Cada dia caminhávamos com o intuito de uma direção, às vezes com alguma pergunta ou pedido, e magnificamente cada um recebia o ensinamento da própria natureza, às vezes com um animal, outras com uma planta, ou um elemento... algo em algum momento seria um espelho para enxergar algo ainda não visto.

Havia respeito e admiração mútuos que cresciam a cada dia.

Lembro-me bem que na caminhada para a primeira direção, cangurus selvagens me acompanhavam de longe e por vezes se mostravam cruzando minha trilha e os deixei me direcionarem por onde caminhar. Na segunda direção, me encontrei com emas selvagens e por um bom tempo ficamos ali nos observando e convivendo naquele lugar e situação inusitados. Na terceira direção, caminhamos em meio à chuva e ao vento que fizeram sua aparição nos mostrando seu poder e o ambiente todo se transformou até que o sol abriu. Na quarta direção, eram os sons dos pássaros próprios daquele lugar, vários sons que nunca havia ouvido e ninhos, muitos ninhos. Os dias seguiram no tempo do sol, em uma escuta cada vez mais profunda e para os mais atentos, diálogos improváveis aconteciam.

Ao pôr do sol de cada dia, sentávamo-nos novamente em círculo e compartilhávamos aprendizados, percepções, acontecimentos e histórias. Recebíamos então novos ensinamentos e orientações. Celebrávamos cada dia.

Quando já havíamos caminhado em todas as direções, ficamos no acampamento coletivo para receber treinamento de sobrevivência e tudo girava em torno do que fazer e dos "como": como montar uma tenda com lona e corda? Como escolher a área onde acampar? Como dar diferentes nós seguros para diferentes e cotidianas necessidades? O que fazer caso uma cobra ou um escorpião o pique? Como ler o mapa do território em que estávamos? Como marcar uma trilha? Como enviar mensagem caso se perdesse? E assim por diante... Fomos nos preparando para quatro dias e quatro noites em acampamento sozinhos em meio à floresta australiana!

No dia seguinte ao treinamento, pela manhã, reconhecemos o território e saímos para cada um escolher e demarcar sua área de acampamento solo. Por questão de segurança, cada um da dupla teria um ponto combinado a cerca de um quilômetro de distância entre os acampamentos, onde códigos de aviso, uma vez por dia, sinalizavam se tudo estava bem.

Depois de demarcar a área em que havia escolhido ficar, Andrew tornou-se minha dupla. Voltamos então para o acampamento para buscar as únicas coisas que poderíamos levar: a roupa do corpo, um casaco e uma meia; água; lona; corda; papel higiénico, um kit de primeiros socorros e um objeto significativo, escolhi um cristal que me acompanhava desde que havia saído do Brasil.

Então, algo aconteceu, eu simplesmente não encontrava mais o local que havia escolhido. Mesmo Andrew, que havia me acompanhado não o localizou. Mesmo o experiente Reijer também não encontrou tal lugar. Foi algo estranho, uma espécie de entropia desnorteadora, e aprendizado para todos. Essa experiência de desterritorialização e não pertencimento estava me ensinando algo que me serviu para o retorno ao Brasil e que só entenderia depois. Diante dos esforços e cansaço de todos, optei por ficar em uma ótima clareira localizada por Reijer em um dos pontos mais altos do território e aceitei aquele lugar que se apresentava para mim.

Foram noites de céu estrelado e lua cheia, como um farol que me lembrava que em algum lugar havia um sol radiante que refletia naquela lua-escudo, criando sombra por toda a noite. O jejum completo, a não ser de água, não me dava muita energia para grandes caminhadas que me afastariam muito do pequeno círculo no chão que havia demarcado para meu acampamento solo daqueles dias.

A coisa mais importante e sábia a fazer era existir honestamente comigo e com todos os seres vivos não-humanos que ali estavam.

Lembro de contemplar o tempo passando pelas sombras no chão, de dia e de noite.

Dormia e sonhava, entregue àquele coração natural e pulsante da terra. E então, foi pelo sonho que as informações e respostas vinham para mim.

Em um dos dias, ao despertar, levantei a lona e havia bem junto de mim as pegadas de um canguru. Me senti observada e ao mesmo tempo cuidada. Entendi que havia curiosidade, mas também respeito. Algo me levou a crer que o mesmo se passava com todos os outros animais, dos peçonhentos aos pequenos insetos, e podia confiar que estava segura e em harmonia.

Quando recebemos a sinalização para retornar ao acampamento coletivo, sabíamos que estávamos completamente transformados.

Havíamos realizado nosso rito de passagem e teríamos pela frente os dias de incorporação, que no Vision Fast é uma readaptação do corpo à alimentação e da alma ao retorno do cotidiano com a comunidade.

Lembro de contemplar o tempo passando pelas sombras no chão, de dia e de noite.

No último dia recebemos alguém de nossa comunidade – meu convidado foi Paul Pulé – e fazemos em um grande círculo um relato compartilhando os aprendizados com a experiência singular vivenciada. Trata-se da oportunidade de reconexão com a mitologia pessoal, com a natureza e com o senso de pertencimento à comunidade... assim como um rito de passagem deve ser.

• • •

Já em meio ao movimento de retornar ao Brasil depois de um ano e meio longe, ainda pude me lançar em uma última experiência cheia de aprendizados, mas não menos importante, que foi participar do The Deep Ecology & Music Bush Camp, em uma fazenda em Jarrahdale. Foi uma imersão que durou três dias, em um processo poderoso de ecologia profunda e cocriação a partir da conexão com a natureza para nos guiar e inspirar a liberdade de fluir na música e na poesia. Era a beleza de criar coletivamente ao mesmo tempo em que praticávamos o senso de comunidade e a consciência social e ambiental.

A experiente e sensível Helene Fisher[38] foi a facilitadora em ecologia profunda. Ela recebeu treinamento com a própria Joanna Macy

---

38 Helene Fisher, ativista ambiental australiana, possui experiência de décadas em ensino na área de Educação Ambiental e vários treinamentos em trabalho de

A PÉROLA DO DRAGÃO

e hoje é uma referência na Austrália com o The Work that Reconnects (Trabalho Que Reconecta – TQR), que ela aplica em processos com adultos para o desenvolvimento de resiliência e comunidades; e em um programa para crianças de imersão na natureza para desenvolver o pensamento sistêmico e a ecologia profunda. Eu já havia vivenciado as dinâmicas do Conselho de Todos os Seres e a Mandala das Emoções em outras oportunidades, mas no The Deep Ecology & Music Bush Camp conseguimos alcançar uma profundidade rara que nos lançou coletivamente a outro nível de consciência da espiral evolutiva.[39]

O muito talentoso facilitador e ecologista Andrew Hazar estava na cofacilitação com Helene e com o músico Steve Manoa para a parte musical. Ele, músico e educador ambiental, com vários livros gravados, utiliza suas influências de reggae e folk para criar paisagens sonoras dinâmicas de canções otimistas com mensagens e intenções positivas.

Embora a maioria não fossem músicos, fomos orientados por um processo de cocriação impecável, que nos permitiu sairmos com duas músicas lindas de lá que seriam lapidadas por Manoa para uma futura gravação. Finalmente, havia encontrado aqueles para o qual meu coração canta e que mesmo não encontrando nunca mais, me tranquiliza saber que existem.

Ecologia Profunda em diferentes contextos. Morou e trabalhou em Findhorn, entre 2000 e 2006 colaborando para que a ecovila se tornasse o 12º Centro de Treinamento da ONU no mundo em Política e Prática de Sustentabilidade.

39 A teoria da Dinâmica em Espiral é uma maneira de explicar a complexidade do mundo e a natureza das mudanças ao nosso redor. É baseada em 50 anos de pesquisas iniciadas pelo psicólogo americano Clare W. Graves, e recentemente desenvolvida pelos seus seguidores, Don Beck e Chris Cowan. Nos últimos anos, o modelo foi enriquecido pelas ideias dos filósofos Richard Dawkins e Mihaly Csikszentmihalyi. Fonte: Wikipédia, a enciclopédia livre.

PÉROLAS EM CAMPO INFINITO
As capacidades de cuidar e de aprender

Cada ser humano é parte de um todo a que chamamos Universo, uma parte limitada no tempo e no espaço. A pessoa vivencia o próprio eu, seus pensamentos e sentimentos, como algo separado do resto – uma espécie de ilusão de ótica da consciência (...). Nossa tarefa deve ser nos libertar dessa prisão, alargando nossos círculos de compaixão, de modo a abranger todas as criaturas vivas e a totalidade da natureza em sua beleza.
ALBERT EINSTEIN

Na jornada de descobrir e desenvolver novas habilidades, pessoais e coletivas, existe um campo relacional infinito e potente de possibilidades que é o cuidar e o aprender. Exatamente isso nos direciona para o que compreendo ser a salutogênica Educação Regenerativa.

Daniel C. Wahl, em Design de Culturas Regenerativas, nos lembra que:

> o design salutogênico visa facilitar o surgimento de saúde em todas as escalas do todo. Ele reconhece a ligação inextricável entre saúde humana, ecossistêmica e planetária. Em vez de se concentrar principalmente no alívio dos sintomas de doenças ou problemas de saúde, essa abordagem tenta promover a saúde positiva e o florescimento do todo. (...) O design salutogênico de interconexão em escalas visa criar sistemas resilientes e regenerativos em e através de todas as escalas.

• • •

A celebração é uma grande riqueza e diferencial da metodologia e filosofia Dragon Dreaming em relação a outras práticas; último estágio de um ciclo completo de um projeto e de tudo o que ele significa.

Faz parte de uma celebração genuína a compreensão aprofundada dos ciclos naturais em todas as suas etapas, sobretudo os términos e os inícios, considerando a morte em nossas vidas.

Afinal, mesmo sendo essa uma certeza, ainda assim parecemos agir cotidianamente como se ela não nos fosse acontecer em algum momento. Essa aceitação, como um estado de completude e sentido, parece exigir certa humildade perante a impermanência, finitude e transformação da matéria e da vida em nós e tudo ao nosso redor. Essa consciência nos levaria coletivamente à compreensão mais ética diante de nossos impactos para gerações futuras.

Você reconhece os ciclos em sua vida? Se a experiência de morte lhe ocorresse, você estaria pronto para vivenciá-la bem?

Como você lida com as mudanças? Como você encerra seus ciclos? Como você os inicia? Como você lida com a inclusão de algo que muitas vezes é tão dolorido? Como você vê vulnerabilidade diante daquilo que não entende? Como distingue o que sente? Como expressa o que sente?

> Você reconhece os ciclos em sua vida? Se a experiência de morte lhe ocorresse, você estaria pronto para vivenciá-la bem?

Também é nessa fase que acuramos a inteligência emocional, abrindo espaço para que as emoções adentrem os processos de aprendizagem e possam ser expressas de maneira profunda e cuidada. Esse tempo-espaço para o desenvolvimento da maturidade emocional e relacional é o diferencial estruturante para a prática de uma Educação Regenerativa, como uma chave-mestra. São os nexos afetivos e os vínculos que vamos criando que geram significado para tudo e cocriam a realidade, com uma abordagem que desenvolva hábitos do pensamento sistêmico e saiba lidar com a complexidade.

Daniel Goleman[40] defende que as competências de autodomínio, que proporcionam a resiliência na vida e no aprendizado, deveriam ser desenvolvidas na infância. E acrescenta que autoconsciência, autogestão e interações deveriam ser aprendidas desde a infância, incorporando um sistema de crenças éticas que comece pela empatia. Segundo ele, a base da empatia compreende não somente o como o outro se sente e seu modo de pensar acerca do mundo, mas ela só se manifesta junto à habilidade social, colaboração e trabalho em equipe. Para tanto, ele apresenta três tipos de empatia: empatia cognitiva, empatia emocional e a preocupação empática.

Repensar a integralidade do desenvolvimento humano passa pela compreensão de que cognição e emocional estão entrelaçados em um sistema corpo-mente-emoções que inclui o espiritual-energético. Sobre isso, Peter Senge[41] e Goleman escreveram que essa abordagem de desenvolvimento cognitivo-emocional passa por "análise e síntese como modalidades cognitivas complementares desde os anos mais tenros, e progrediria por estágios de representações cada vez mais elaboradas da

---

40 Daniel Goleman (1946), psicólogo e jornalista científico sobre avanços nos estudos do cérebro e das ciências comportamentais. Escritor internacionalmente conhecido pelos estudos sobre inteligências e inteligência emocional, Goleman recebeu seu doutoramento em Harvard, onde também dava aulas. Fonte: Wikipédia, a enciclopédia livre.

41 Peter Senge (1947), Engenheiro, Filósofo e Escritor. Mestre em Modelos de Sistemas Sociais e Doutor em Administração. Professor sênior no MIT – Massachusetts Institute of Technology. Fundou e dirige a SOL – Society for Organizational Learning. Fonte: Wikipédia, a enciclopédia livre.

complexidade dinâmica e compreensão cada vez mais sofisticada da complexidade social".

• • •

A compreensão imprescindível inicia por reconhecer que a mudança sistêmica é uma jornada pessoal. Educadores bem-sucedidos em guiar dessa maneira, em geral, passam por profundos processos de aprendizados e transformações. O que exige expandir, por exemplo, o modelo do professor-conferencista.

Para sustentar a mudança, os educadores-facilitadores, designers de processos de aprendizagem, precisam estar inseridos em comunidades de ajuda mútua entre pares, encorajados e fortalecidos em colaboração contínua para a progressiva transformação cultural de uma escola, assumindo riscos e inovando em uma base diária. O envolvimento e apoio forte e ativo por parte da direção e comunidade escolar, o que inclui pais e outros profissionais, são cruciais. Dessa forma, torna-se fundamental instituir comunidades de aprendizagem e prática.

Michael Fullan,[42] em suas pesquisas sobre educação formal apresentou um pressuposto de resistência à mudança no contexto escolar afirmando que "quase todo mundo defende que 'qualquer criança pode aprender', mas estamos menos preparados para dizer 'qualquer professor pode aprender' " e esse é um viés cognitivo a ser superado o mais rápido possível.

---

[42] Michael Fullan, pesquisador e autor sobre Novas Pedagogias para Aprendizagem. É especialista em mudança de cultura educacional. Ex-Reitor do Instituto de Estudos em Educação de Ontário (OISE) da Universidade de Toronto, Michael aconselha formuladores de políticas e líderes locais em todo o mundo sobre educação. Michael recebeu a Ordem do Canadá em dezembro de 2012. Ele possui doutorado honorário de várias universidades na América do Norte e no exterior. Fonte: Wikipédia, a enciclopédia livre.

PÉROLAS EM CAMPO INFINITO

Para dar um pequeno exemplo da importância de ativarmos esse campo infinito de aprender: em menos de 50 anos, a geração de minha mãe viu a passagem de um mundo sem televisão para um mundo com televisão; e minha geração viu a passagem de um mundo sem internet para outro com internet. Porém, todas as novas e futuras gerações nasceram em um mundo mediado por máquinas. Se educadores não estiverem preparados para entender a grande mudança que isso significa, o que queremos conservar desse mundo que se vai enquanto todo o resto muda e como harmonizamos as relações digitais e reais, dificilmente a confiança no novo papel que o educador-facilitador tem será alcançado.

A complexidade do momento que vivemos nos exige perguntas novas para alcançarmos novas respostas e práticas que nos permitam redesenhar de modo significativo, sistêmico, resiliente e regenerativo nosso viver. Falo sobre a integridade e integração de qualidades, habilidades e saberes pessoais e coletivos para viver o ganha-ganha-ganha e o profundo respeito e apoio mútuo que podemos ter em comunidades de aprendizagem e prática.

Concordo com Peter Senge quando ele diz que "precisamos de pessoas capazes de pensar por si mesmas, com capacidade de motivar-se por conta própria, de aprender por si mesmas, e que possam efetivamente trabalhar em equipe, sobretudo ao confrontar problemas complexos." Então, precisamos resgatar a confiança de que as escolas, como espaços de sociabilização em ambiente confiável e saudável, podem ser eficazes em desenvolver tais capacidades. Também, que ao aprender a aprender – apontado por Paulo Freire ainda na década de 70 – com uma visão de mundo para muito além das salas de aula, seja a alegria de novas descobertas e habilidades alinhadas com a permanência e afirmação da vida em sua diversidade.

• • •

Abrir espaço para esses tempos processuais da percepção do sensível e do sentir, reconhecendo que isso é parte integrante de nosso aprender, desenvolve sabedoria – entendida aqui como etapa estruturante para o reconhecimento e valorização de potenciais e de evolução pessoal e coletiva.

Quanto mais espaços são cuidados no intuito de gerar confiança para que a expressão da vulnerabilidade possa ser acolhida empaticamente por outros, mais aquele ambiente será percebido como seguro e promoverá o senso de pertencimento, empoderamento, criatividade e equidade.

Estar atento para as necessidades desses espaços é um bom primeiro passo. Checar a disponibilidade da pessoa ou do grupo para esse momento de cuidado vem em seguida, sabendo que a motivação e envolvimento têm tempos diferentes para cada um e que é preciso achar a medida entre estimular e respeitar. Agir com total transparência dos passos do encontro, dos pontos que serão tocados e dos objetivos propostos, garantindo alinhamento de entendimentos, é fundamental. Somente assim torna-se possível constituir um espaço regular e consistente de cuidado mútuo.

Costumamos entender autonomia como a capacidade de pensar e agir por nós mesmos, mas isso tem uma qualidade muito mais profunda quando entendemos a íntima ligação que a autonomia tem com a capacidade de autocuidado e de, então, cuidar de tudo aquilo que nos é precioso. Assim como é um grande ato libertador poder reconhecer e expressar o que se sente e por quê.

Então, nossa barra de consciência se eleva quando percebemos que a capacidade de se importar com o outro e nossa consciência sistêmica estão interligados num sentido muito mais amplo de que a ética está baseada na consciência das consequências de nossas ações.

Quais são os fortes elos criados? Qual a profundidade que o processo toma? Quais são as riquezas reconhecidas ao incluir as emoções no processo? Quais as delicadezas para as quais é preciso estar atento? Qual a medida de tocar essa sabedoria profunda e ao mesmo tempo soltá-la? Como reconhecer e incluir ciclos naturais, inícios e fins, as emoções e os processos de aprendizagem na jornada pessoal e coletiva, de forma a potencializá-la?

> ... isso tem uma qualidade muito mais profunda quando entendemos a íntima ligação que a autonomia tem com a capacidade de autocuidado

Fractalmente presente em todas as fases da matriz Dragon Dreaming ou dos ciclos processuais, a conscientização, o dar-se a perceber como uma etapa dos processos de aprendizagem, acontece na fase da celebração, porque é nela que tomamos consciência do que foi adquirido, dos aprendizados conquistados, das mudanças satisfatórias e desejadas, mas também daquilo que precisará ser desapegado, revisto, reestruturado, refeito e reavaliado.

A avaliação e os ciclos de feedback, como a metodologia nos apresenta, estão na etapa da celebração, mas também estão nessa etapa as sutilezas e surpresas dos inevitáveis "saltos de fase" do aprendizado, que nem sempre estão relacionados diretamente às fases de desenvolvimento biológico-cognitivo-motor. O tempo dedicado às percepções afetivas e os espaços de intuição conectivas também contam para o alcance da maturidade sensível.

O desenvolvimento de capacidades emocionais e afetivas, saber distingui-las, saber comunicar suas necessidades, saber perguntar antes de julgar, entre outros, talvez, sejam os campos menos trabalhados em processos de aprendizagem formal e os mais importantes de se expandir para que possamos alcançar outro nível de compreensão, outra camada da inteligência coletiva, outra dimensão evolutiva dos processos em que estamos participando e sendo envolvidos.

O esforço do designer de planejamento educativo, a maneira como vamos nos organizar e até mesmo a ressignificação da noção do trabalho do educador, a preparação do ambiente educativo... ou ainda, todo o encontro com o intuito que impulsiona os processos, tudo isso acaba por ter menos potência e eficiência se há uma compreensão limitada dos ciclos de energia em espiral ascendente, ou ainda, pouco espaço para perceber e trabalhar com o campo sensível e sutil que dá suporte ao processo de aprender, como um todo.

Acredito que não há aprendizagem sem que o processamento do aprender passe pelo sentir e ative uma ampla gama de nuances emocionais, capaz de tornar aquele conhecimento memorável, para muito além da repetição. Como as emoções são abordadas e desenvolvidas, pode-se gerar maior fluxo de aprendizagem ou limitações no aprender.

Conectar-se com o sentir, com as emoções, é importante para o educador-facilitador compreender de maneira sistêmica as dinâmicas do grupo com que está atuando, de modo a estabelecer mais empatia e intervir de maneira mais assertiva no que a situação está pedindo.

Quando desenvolvemos as capacidades da inteligência emocional, correlatamente estaremos desenvolvendo capacidades relacionais do cuidar como a escuta, o acolhimento, a limpeza, o equilíbrio do receber e do dar e a harmonização.

O ser humano saudável possui a capacidade infinita de aprender e cuidar. É esse campo infinito que gera suporte a todos os processos, todas as ideias, os desejos e as necessidades. Esse campo é a própria cocriação da realidade regeneradora.

• • •

Enquanto intersomos, estamos interconectados, em diálogo multilateral.

Em Dragon Dreaming há uma orientação para o autodesenvolvimento contínuo daquele que trabalha com grupos e em colaboração: seja 100% observador e 100% participante. Fazendo uma relação direta para quem se aventurar à aprendizagem autodirigida ou mesmo ao papel de educador-facilitador: seja 100% aprendiz e 100% mestre de si mesmo. A aprendizagem se dá em encontros e se potencializa com os outros. Há aquilo que se pode aprender sozinho, mas há aquilo que somente podemos aprender em relação. O outro não controla o quanto ou a qualidade do que é aprendido, e é claro, somos dialeticamente perfeitos e imperfeitos.

De certa forma, o outro como o educador ou mestre é um espelho do mestre e educador interno de cada um de nós, que vai recordando-se de si, sendo aperfeiçoado até que seja reconhecido e empoderado, antes por nós mesmos. É uma grande liberdade, beleza e abundância sabermo-nos com a capacidade infinita de aprender e compartilhar saberes, que como vejo é uma característica do cuidar.

Aprender a aprender passa pela compreensão de uma aprendizagem contínua e prazerosa, comunitária, intra e extraescolar, consciente do impacto em todas as relações interpessoais.

Enquanto intersomos, estamos interconectados, em diálogo multilateral.

• • •

Sinto uma profunda conexão com a natureza e sei que posso confiar nesse amor incondicional que nos apoia. Aprendi a ouvir seus sinais e a dialogar um pouco mais com ela. Recebi mais do que esperava, queria ou era capaz de planejar. Conheço mais e melhor minhas qualidades e habilidades, meu caminho, minha missão, meu propósito. Uma viagem interior profunda cheia de descobertas, meu silêncio, limitações, vulnerabilidade, a humildade em mim, necessidades, forças, a coragem de ir e estar... o que é essencial e amplo como o amor, me toma e me torna.

• • •

A esperança tem duas filhas lindas, a indignação e a coragem: a indignação nos ensina a não aceitar as coisas ruins como estão; a coragem, a mudá-las.
SANTO AGOSTINHO

Ousar seguir o chamado para lugares desconhecidos, libertar seu verdadeiro Eu de estruturas auto-impostas e limitantes, dando à luz a quem você então reivindicou ser em sua declaração de intenção mais íntima, trazendo essas riquezas para o mundo que os espera: "Nós somos aqueles por quem estávamos esperando", diz a oração do povo nativo Hopi.

A mensagem que a Educação Regenerativa nos apresenta é a da esperança ativa, como fala Joanna Macy, ou do Esperançar, como apontou Paulo Freire. É honrar e reacender a memória da jornada transformadora de poder e coragem. É também um convite para retornar à sagrada conexão com a Mãe Terra, em um lugar pacífico e renovador, cheio de autocompreensão, co-criação do bem estar, do bem comum, do bem viver, do senso de comunidade e desenvolvimento continuo a serviço de um planeta diverso e saudável.

GRATIDÃO

Colocar um livro no mundo é um saber-fazer em colaboração. Um livro gerado a partir de pesquisas e entrevistas, em língua diferente do local onde será impresso, exige então o envolvimento de ainda mais pessoas, mãos e olhares cuidadosos e amorosos para essa realização.

Sou imensamente grata a Isabel Valle que, no papel de publisher da Bambual Editora, me lembrou que o fazer de um livro é colaborativo. Agradeço sua parceria desde o primeiro momento com profissionalismo, entusiasmo e coragem.

Agradeço a Suzana Nory, Felipe Novaes e Gavin Adams por aceitarem prontamente a jornada que foi transcrever e traduzir com o coração e cuidado perceptíveis a qualquer bom leitor. É lindo quando o processo de trabalho flui e possibilita o surgimento de novas amizades.

Agradeço à querida Erika Cezarini que realizou a linda capa e design desse livro, em um exercício de reconexão com esse fazer onde ela é primorosa, mesmo quando a tecnologia e o momento se mostraram adversos.

Minha admiração àquelas amigas e amigos da comunidade de treinadores Dragon Dreaming Brasil que por diferentes maneiras e momentos me apoiaram em manter a chama acesa, e as portas de ir e vir sempre abertas.

Lorena Marcondes de Moura, minha mãe, que sempre, e mesmo quando eu estava do outro lado do mundo, soube ser porto seguro. Gratidão pela minha existência.

Gratidão a John Croft, que esse livro honre e colabore para seu legado e que suas histórias e ensinamentos possam continuar reverberando através dos tempos.

Consciente do princípio do Interser, onde tudo e todos estamos nessas páginas, inter-relacionados de modo que por vezes nem imaginamos, minha gratidão sempre!

SITES DE REFERENCIA

- VENTOS DA OCEANIA – Blog de imagens e impressões sobre o período sabático de Flavia Vivacqua: https://ventosdaoceania.wordpress.com.

- CERES – Community Environment Park – https://ceres.org.au/

- https://sustainability.ceres.org.au/

- Ecocentro IPEC – Instituto de Permacultura do Cerrado – http://www.ecocentro.org

- UOT:LAB/Universidade das Árvores – Laboratório para Novos Conhecimentos e um Futuro Ecossocial – https://universityofthetrees.org/

- Black Mountain. Ein interdisziplinäres Experiment 1933-1957 – https://black--mountain-research.com/

- Green Educator Course (GEC) – https://events.greenschool.org/educatorcourse/

- Green School – https://www.greenschool.org/

- Compass Education – https://www.compasseducation.org/

- Biobus – https://www.gsbiobus.org/

- Universidade Aberta – http://www.open.ac.uk/

- Schumacher College – https://www.schumachercollege.org.uk/

- Walkatjurra Walkabout – https://walkingforcountry.com/

- https://walkingforcountry.com/karlamalyi-walk/

- Steve Manoa – https://soundcloud.com/musicofmanoa

Este livro foi composto em Adobe Garamond Pro e Comfortaa
e impresso pela gráfica Rotaplan em março de 2021.